貯金ができない
私でも、

1億円
貯まる
方法を教えてください

株式会社ウェルス・パートナー
代表取締役
世古口俊介

あさ出版

はじめに

皆さん、こんにちは。ウェルス・パートナー代表の世古口俊介です。初めての方もいらっしゃると思いますので、簡単に自己紹介させていただきます。

私は現在ウェルス・パートナーという資産運用のコンサルティング会社を経営しております。特徴は資産配分の最適化コンサルティングにもっとも力を入れていること、金融だけでなく不動産をはじめとした実物資産の提案や投資実行もお手伝いしていることです。

当社には私以外にもアドバイザーが複数在籍しており、それぞれのアドバイザーがお客様を担当して、日々資産配分の最適化の提案をしています。

私は新卒で日本の大手証券会社のプライベートバンク部門に配属され、上場会社の創業オーナーなど保有資産数十億円以上の超富裕層の資産運用をお手伝いしていました。また、資産承継対策や組織再編をはじめとした提案を行うことで、超富裕層の多岐にわたる悩みを解決することを毎日考えていました。

その後、アメリカの大手証券会社を経てスイスの大手プライベートバンクに転職し、プライベートバンカーとして7年間、富裕層の資産運用をサポートしました。そして2016年に独立して当社を創業しました。私が当社を創業した理由は本書の最後の「おわりに」で解説していますので、ご関心ある方はご覧ください。

私が資産運用の提案を15年間続けてきた経験で感じたことは「日本人は投資を知らなすぎる」ということ。金融商品の株式と債券の違いをしっかり理解している日本人は、10人に1人もいないでしょう。

しかし、それは仕方がないことです。なぜなら、アメリカやヨーロッパの国々と異なり、日本人は子どものころから投資教育を受けていないからです。それどころか日本には「投資＝悪」「借金＝悪」というイメージさえあります。しかし、投資大国のアメリカでは投資も借金もしないのは資産形成において効率が悪いと考えています。

これはあらゆることに共通していることですが、私は投資も教育がすべてだと考えています。正しい考え方と方法で投資を学んでいけば誰でも投資に詳しくなれる。詳しくなって日本人に一人でも多く、本物の投資家を増やしたいと心の底から思っています。

今回の著書『貯金ができない私でも、1億円貯まる方法を教えてください』は2020年に出版した『しっかり1億円貯める月1万円投資術』に続く第2弾となります。前回は月1万円の積立投資と外国株式、外国債券、国内不動産へのハイブリッド投資により1億円の資産形成をするストーリー仕立てになっていました。

今回は、私が富裕層500人以上の資産形成のアドバイスを通して、お客様からの質問の中でも、とくに多いものをクエスチョンとしました。それに私が回答するという1問1答のQ＆A形式で本書を書かせていただきました。

本書をしっかりお読みいただき、正しく投資を理解することができれば、貯蓄ができない人でも1億円の資産形成は可能だと考えています。本書を読むことで、**自分にとってどんな投資が必要で、どんな投資が必要でないかを知ることができます。**

前回はストーリーとわかりやすさを重視し、あえて株式、債券、国内不動産以外の投資対象の説明には触れませんでした。しかし、本書はそれだけではなく**海外不動産から太陽光発電設備、仮想通貨、絵画、ベンチャーキャピタルなど多岐にわたる質問に回答しており、かなり詳しい内容になっています**。

本書はプロローグ、そして第1章から第7章で構成されています。

プロローグでは「タネ銭づくり編」として、具体的な方法を含め投資の元手をつくるための考え方を紹介しています。

第1章は「マインドセット編」とし、投資における正しい心の持ちようを学んでいただきます。

第2章では「資産配分編」で、資産運用でもっとも大事な正しい資産配分の基本的な考え方から最適化の方法まで紹介しています。

第3章では「株式編」で、そもそも株式に投資する理由、正しい投資の方法などを紹介しています。

第4章は「債券編」で、老後の生活費用捻出のために必要な、債券格付けから高い利回りを得るための方法などをお伝えしています。

第5章は「不動産編」で、実物資産の代表格である不動産への投資について基本的な考え方から取り組み方、不動産会社との付き合い方などを解説しています。

第6章は「その他資産編」とし、5章までで紹介した株式、債券、不動産以外の投資対象について説明します。ヘッジファンドやベンチャーキャピタル、絵画、投資詐欺の見抜き方まであらゆる投資対象を紹介しています。あまり他の投資本では見ない内容なので本章はとくに必見です。

第7章の「アドバイザー選び編」は銀行や証券会社、保険会社、不動産会社、IFAなど各専門アドバイザーとの正しい付き合い方を説明しています。

また、章ごとに私が投資している投資対象も紹介していますので、ぜひ参考にしていただければと思います。

私が本書を出版する理由は2つあります。ひとつは日本人に正しい投資を学んでもらって日本の投資家を一人でも増やしたいからです。もうひとつの目的は日本という国を救うためです。日本はこのまま投資家が増えないと経済は成長せず、財政も崩壊すると考えています。日本のベンチャーキャピタルがベンチャー企業に投資する金額はアメリカの1／50、中国の1／30です。圧倒的にベンチャー企業にお金が回っていないのです。

ベンチャー企業にお金が回らないから中途半端にしか成長できない。企業が世界で勝負できない。だから、日本からはGAFAのような、世界を席巻する会社が生まれないのだと思います。

これはすべてリスクマネー（株式などリスクを取って投資されているお金）の総量が諸外国と比較して圧倒的に少ないからです。

人口減少が著しい日本がGDPを成長させるには生産性を上げ、GAFAのような会社を世界に送り出さなければなりません。リスクマネーが増えないと日本は東南アジアやアフリカなど新興国にも置いていかれ、経済後進国になる可能性が高いと考えています。

ぜひ本書の内容を一つでも実践いただき、皆さまが、そして日本がハッピーになっていただくことにつながれば幸いです。

著者

1億円、貯めるための❸ステップ

ステップ❶ 人生の目標を決める

ステップ❷ 最適な資産配分を考える

ステップ❸ 個別の投資対象を選ぶ

投資で失敗する理由は
いきなり個別の投資対象選びから
入ってしまうから。

人生の目標

- 老後に安定した生活を送りたい
- 都内に一軒家をもって家族で幸せに暮らしたい
- セカンドライフは海外で生活したい
- 子どもたちを世界で活躍できる人材に育てたい
- 大富豪になりたい

資産運用は
自分の人生の目標を達成するための
手段に過ぎない。
マインドセットで心を整え
資産配分の大切さを学び
核になる資産である
「株式」「債券」「不動産」を
理解する。
余裕があれば各々の嗜好に応じて
その他資産への投資を研究し、
最適なアドバイザーを見つけよう。

最適な資産配分

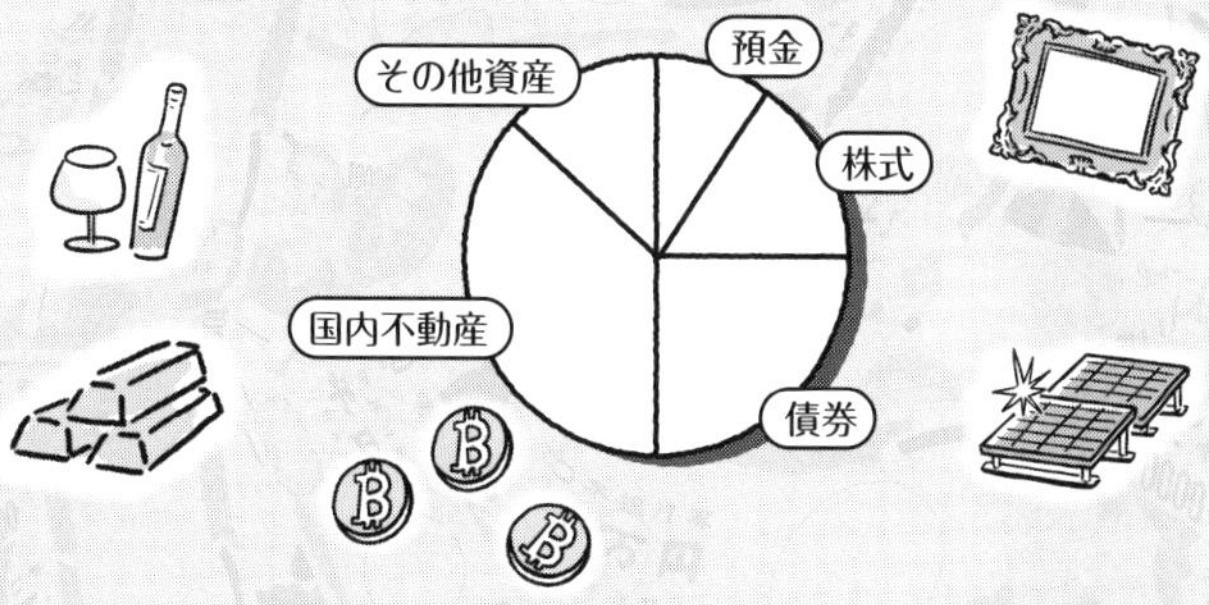

はじめに 002
1億円、貯めるための3ステップ 008

プロローグ タネ銭づくり編

投資の元手をどうつくるのか

1 まずはどのように投資のタネ銭をつくればいいいですか？ 024
2 収入を増やすためにはどうすればいいですか？ タネ銭をつくるために収入を増やしたいので。 028
3 支出を減らすためにはどうすればいいですか？ なかなか長続きせず、くじけてしまいます。 030
4 なかなかお金が貯まらないのはなぜですか？ 私自身以外にも原因がありますか？ 034

5 ズバリお伺いします。世古口さんはどうやって投資のタネ銭をつくりましたか？ 036

コラム0 「タネ銭づくり」セルフチェック 038

第1章 マインドセット編
なぜ、うまくいく人といかない人がいるのか

6 なぜ資産運用をしなければならないのですか？　運用をしないとどうなりますか？ 040

7 年金だけで生活できなくなるんですか？　「老後2000万円問題」の意味は何ですか？ 044

8
全く投資をしたことがないのですが、なにから始めればいいでしょうか？
048

9
投資したほうがいいことは理解していますが、勇気が出ません。なぜでしょうか？
052

10
投資詐欺に遭いました。今後ひっかからないためにはどうしたらいいでしょうか？
054

11
何度も資産運用に失敗してしまうのはなぜでしょうか？私自身に問題がありますか？
056

12
株価が大きく下落しているときに投資したいのですが、どうすればいいでしょうか？
060

13
世古口さん自身はどういうマインドセットで投資と向き合っていますか？
062

コラム1
「マインドセット」セルフチェック
064

第2章 資産配分編

運用結果の8割を決める大切なこと

14 資産配分はなぜ大事なのですか？　個別銘柄は考えなくてもよいのですか？　066

15 どうやって最適な資産配分を決めればいいのでしょう。ポイントを教えてください。　068

16 自分の資産配分をどのように管理すればいいですか？　自分でできる方法はありますか？　074

17 まずはなにから投資をしたほうがいいですか？　今は預金だけしか保有していません。　078

18 年代別の最適な資産配分を教えてください。なにか傾向はありますか？　082

19 10年間で元手が倍になる年間利回り7%はどんな資産配分なら達成できますか？　084

20 日本の経済は成長せず、デフレ、円高になると考えます。どんな資産配分が合っていますか？ 088

21 世古口さんはどんな資産配分でなにに投資していますか？ プロの方の考え方を知りたいです。 090

コラム2 「資産配分」セルフチェック 092

第3章 株式編

若いころから始め、長期保有をねらう

22 なぜ株式を持たなければならないのですか？ そもそもの理由を教えてください。 094

23 株式投資はなぜインデックスファンドがいいのですか？ その理由はなんですか？ 100

24 個別株式にも投資したほうがいいですか？　どんな場合なら世古口さんは勧めますか？ 102

25 毎日投資している株式の価格が気になって仕方がありません。どうすればいいですか？ 104

26 日本と海外どちらの株式に投資したほうがいいですか？日本に住んでいる日本人です。 106

27 ＥＴＦ（上場投資信託）とはなんですか？　インデックスファンドとの違いを教えてください。 110

28 株式はどこの証券会社を通して投資するのがいいですか？またその理由を教えてください。 114

29 世古口さんはどんな株式に投資していますか？参考にさせてください。 116

コラム3 「株式」セルフチェック 118

第4章 債券編

60代に入ったら老後の生活費用捻出を意識する

30 債券とはそもそもなんですか？なぜシニア向きなのでしょうか？ 120

31 債券の格付けってなんですか？安定性と収益性はどう考えますか？ 124

32 ハイブリッド証券（劣後債）とはなんですか？　証券会社から提案されています。 128

33 個別債券はどこの金融機関で投資できますか？また特徴の違いはありますか？ 134

34 日本の個人向け国債に投資するメリットはありますか？他にも選択肢がありますか？ 138

35 この超低金利の世の中で年利回り5％で債券運用することは可能ですか？ 140

36 債券もインデックスファンドがいいですか？　他の方法もありますか？ 142

37 仕組債に投資したほうがいいでしょうか？　証券会社から提案されています。 146

38 証券会社のファンドラップに投資しています。債券のファンドの割合が多いのですが。 150

39 世古口さんはどんな債券に投資していますか？　気をつけていることはありますか？ 152

コラム4 「債券」セルフチェック 154

第5章 不動産編

実物資産の代表。できるだけ若いころから手がけたい

40 金融資産と実物資産への投資はなにが違うのでしょうか？ 具体的に教えてください。 156

41 そもそもなんのために不動産に投資するのでしょうか？ どんな特徴があるのですか？ 162

42 不動産投資はどういう仕組みなのですか？ 正直、まだよく理解ができていません。 168

43 どんな物件に投資するのがいいですか？ 不動産投資初心者です。 174

44 不動産投資のリスクはなんですか？ その対策を教えてください。 178

45 不動産投資の借入はどのように行うのがよいですか？ なにに気をつけたらいいですか？ 182

46 どんな不動産会社を選ぶのがいいですか？　自分でできる判断ポイントはありますか？ 186

47 海外不動産には投資したほうがいいですか？　旅行好きなので魅力は感じるのですが。 190

48 世古口さんはどんな不動産に投資していますか？　だんだん、私もその気になってきました。 192

コラム5 「不動産」セルフチェック 194

第6章 その他資産編

株式、債券、不動産以外にも投資対象はいろいろある

49 金と仮想通貨にも投資したほうがいいでしょうか？　話題になっていますが正直少し不安です。 196

50 太陽光発電設備や風力発電設備にも投資したほうがいいですか？　優先順位はありますか？ 202

51 絵画やワインにも投資してもいいでしょうか？　趣味も投資対象になるのでしょうか？ 206
52 ヘッジファンドとはなんですか？　なんか怖いイメージがあります。 208
53 日本でヘッジファンドに投資することは可能ですか？　なにを確認すればいいですか？ 212
54 どんなヘッジファンドに投資するのがいいですか？　もう少し詳しく教えていただけますか？ 214
55 友人が起業するので会社に出資しないかと誘われています。どう思いますか？ 218
56 思いきってベンチャーキャピタル（VC）に投資するにはどうすればいいでしょうか？ 220
57 外貨投資はFXの為替取引で運用するのがいちばんいいですか？　為替手数料が安いので。 222
58 月3％の利回りの元本保証商品を勧められて正直、迷っています。 224

59
世古口さんはどんなその他資産に投資をしていますか？投資動機も知りたいのですが？ 226

コラム6
「その他資産」セルフチェック 228

第7章 アドバイザー選び編

専門アドバイザーとは正しく付き合おう

60
銀行から投資信託を提案されています。どう付き合っていくのがいいでしょうか？ 230

61
証券会社の担当者とうまく付き合う方法を教えてください。見極め方はありますか？ 232

62 保険会社の担当者から保険を勧められています。加入するにあたって注意はありますか？ 236

63 FP（ファイナンシャルプランナー）に資産運用の相談をすることをどう思われますか？ 238

64 信頼できる不動産会社の担当者を選ぶには、私はどうすればいいでしょうか？ 240

65 IFA（独立系ファイナンシャルアドバイザー）とは何者ですか？　あまり耳にしたことがないのですが。 242

66 IFAは本当に信頼できますか？　しつこいようで本当に申し訳ありません。 246

コラム7 「アドバイザー選び」セルフチェック 248

おわりに 250

本文イラスト／長縄キヌエ

プロローグ

タネ銭づくり編

投資の元手をどうつくるのか

1

まずはどのように投資のタネ銭をつくればいいですか？

投資のタネ銭は「積立投資」「不動産投資」「収入と支出のコントロール」でつくりましょう。

世の中にはまとまった資金がないと投資できない投資対象が存在します。のちほどご紹介する個別の債券やヘッジファンドなどは、少なくとも数百万円以上の資金がなければ投資できません。

つまり、投資においては元手となるタネ銭をいかにつくるかが大事になってきます。この章では有効なタネ銭づくりをご紹介します。

まず**インターネット証券会社での「積立投資」**です。毎月1万円や毎日1000円などをインターネットの証券口座でインデックスファンド（100ページ参照）などに投資するイメージです。毎月の収入から支出を引いた金額、ご自身の余剰のキャッシュフロー（純収入）の範囲で投資するのがいいでしょう。

積立投資が良い理由は3つあります。「長期投資」「複利運用」「ドルコスト平均法」です。長期投資とは10年、20年と投資に長期的に取り組むことです。積立投資以外の金融取引はまとまった資金を一度に投資するので損益が気になり、短期売買になりがちです。しかし、積立投資は毎月コツコツ投資しているのであまり短期的な損益が気にならず、長期投資になりやすいのが良い点です。

次に複利運用です。複利運用とは投資で得た利益もそのまま投資に回すことで、投資効率を高めることです。かの天才物理学者アインシュタインが複利運用を「人類最大の発明」と呼んだほどです。

ドルコスト平均法とは株式を毎月や毎日コツコツ投資することで買い付け価格を平均化できる投資法のこと。価格の上げ下げが激しい株価にドルコスト平均法で投資することで一喜一憂することなく平均価格で投資が可能です。

この積立投資を地道に続ければ10年、20年後には資産は飛躍的に増えており数百万円から数千万円の立派な投資のタネ銭となっているでしょう。

次の**タネ銭づくりの方法は「不動産投資」**です。不動産は基本的に借入（ローン）で投資します。銀行からお金を借りて投資をし、家賃収入で借入を返済していく投資方法です。投資をほぼ銀行借入で行うので、不動産投資はタネ銭がほぼ不要な投資ということになります。

積立投資と同様に毎月コツコツと借入を返済していきますので、少しずつ借入残高が減っていきます。借入期間が30年だとすると10年で1／3は借入が減っていることになります。3000万円の不動産なら借入残高は2000万円となっています。

ここで不動産の売却という1つの選択肢が生まれます。この不動産が買ったときと同じ3000万円で売却できたとすると、借入残高の2000万円を返済して1000万円が手元に残ることになります。

この1000万円が次の投資のタネ銭になります。不動産投資は手元資金を使わずに行うのでまるでマジックのようですが、実際にこのようにして新たな投資のタネ銭をつくる人は多いのです。

最後に「収入と支出のコントロール」です。ここでは話を単純にするために収入から支出を引いた純収入が投資に回せる金額と考えます。収入を増やすか支出を減らすかのどちらかができれば純収入が増え、投資のタネ銭を増やすことができます。

この収入と支出に関しては次項で詳しく紹介しますが、この3つの方法のいずれかで投資のタネ銭をつくっていくのが有効でしょう。

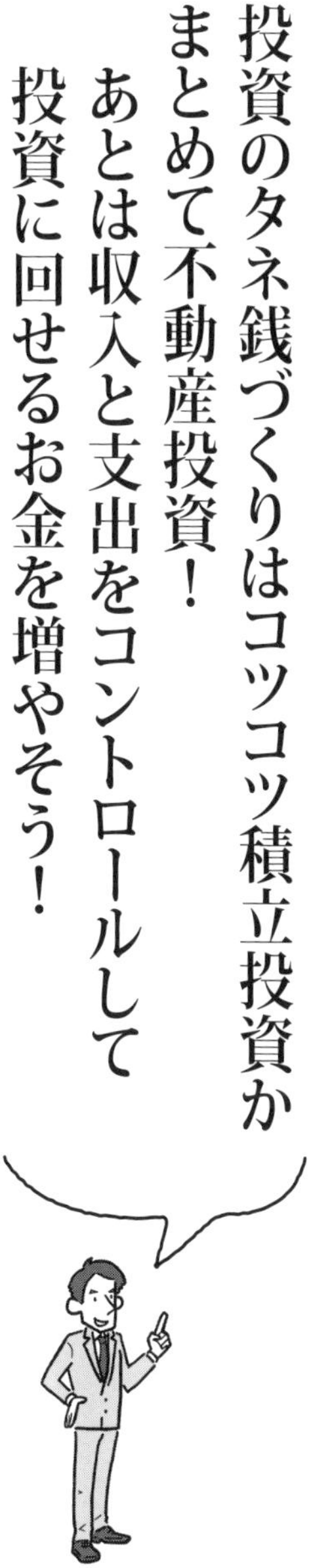

投資のタネ銭づくりはコツコツ積立投資かまとめて不動産投資！
あとは収入と支出をコントロールして投資に回せるお金を増やそう！

2

収入を増やすためにはどうすればいいですか？ タネ銭をつくるために収入を増やしたいので。

収入を増やすためには本業で結果を出すか、転職あるいは副業、もしくは法人をうまく活用するかだと思います。

本業で結果を出せば、仕事によってはインセンティブとして、まとまった報酬が入ることもあるでしょう。本業でそれが期待できなければ、もっと結果に対するインセンティブが高い会社への転職を検討してもいいでしょう。

もしくは、最近の流行りでもある副業の検討でしょうか。仕事を発注したい人と受注したい人をマッチングするプラットフォームもあるので検討の価値はあります。

あとは収入が高い人であれば、自分が設立した法人で仕事を受注するほうが手残りが大きくなる可能性があります。理由は個人の所得税率は収入が増えるほど高くなり、収入が大きすぎると手元に残る金額が小さくなるからです。

法人をつくって現在の雇用関係がある会社と業務委託契約を結び、収入を個人ではなく法人に帰属させます。1000万円以上の収入があれば個人より法人で受け取ったほうが手残りが多くなる可能性が高いのです。**法人をつくるのは単純に「収入を増やすことではなく実際の手残りを増やす」という意味ですが、仕事で結果を出すよりは簡単にできます。**収入が高い方は一度、検討してもよいでしょう。

収入を増やすためには
本業を極めるか、副業か転職を検討！
収入が高く税金や社会保険料のコスト
が高い人は法人の活用を！

3

支出を減らすためにはどうすればいいですか？ なかなか長続きせず、くじけてしまいます。

長期的かつ現実的な目標を立てたうえで、非効率な支出を減らして貯蓄しましょう。

まず**長期的かつ現実的な目標を立てることが大事です。**「長期的」とは5年、10年先まで見据えること。「現実的」とは無理な目標ではなく持続可能な支出の低減という意味です。

無理をして支出を減らしすぎると途中で挫折してしまったり、逆に欲望が爆発して支出が増えてしまうことがあります。自分にとって無理がない支出計画かどうかをしっかり考えましょう。

細かい家計簿をつける必要はないかと思いますが、次ページのような自分の収支を管理するキャッシュフロー表を作ってもいいでしょう。このキャッシュフロー表があれば5年先、10年先までを見据えた資産管理が可能です。

当年目標が達成できなければ翌年はさらに支出を抑える計画に修正したり、逆に最終的な目標を下げて軌道修正することができます。逆に、計画以上に資金が貯まっているようなら計画を上方修正してより野心的な計画に変更してもいいでしょう。

このように自分だけのキャッシュフロー表を作ることで、投資のタネ銭づくりの成功率が飛躍的に上昇するでしょう。

次に**大事なのが非効率な支出を減らす**ことです。非効率な支出とは何でしょうか。これは人によって趣味や嗜好が異なるので一概にこれが非効率とはいえませんが、多くの人に共通している非効率な支出が保険です。

多くの人が社会人1年目でどこかの生命保険に加入するのが日本では常識です。しかし、よく考えてみると社会人1年目の若者に多額の生命保険に加入する必要があるでしょうか。

ある家族のキャッシュフロー表（例）

金額の単位：万円

西暦	2021	2022	2023	2024	2025	2026	2027
経過年数	今年	1年後	2年後	3年後	4年後	5年後	6年後
本人の年齢	33	34	35	36	37	38	39
妻の年齢	30	31	32	33	34	35	36
子どもの年齢	2	3	4	5	6	7	8
ライフイベント			子ども幼稚園入園		在宅親の援助700万円	子ども小学校入学	
本人の収入	500	500	500	500	500	500	550
妻の収入	0	0	0	0	0	70	100
その他収入	0	0	0	0	700	0	0
収入合計	500	500	500	500	1,200	570	650
通常生活費	270	270	270	270	270	270	330
住居	100	100	100	100	150	150	150
保健医療	12	12	12	12	12	12	12
教育費	20	30	50	50	50	35	35
その他	60	60	60	60	1,060	60	80
支出合計	462	472	492	492	1,542	527	607
年間収支	38	28	8	8	△342	43	43
金融資産（残高）	400	428	436	444	102	145	188

収入や支出項目と金額を明確にして
毎月の収支を管理しよう！

生命保険とはその契約者が亡くなったときに、残された家族がちゃんと生活していくための保障を得るためのものです。社会人1年目の若者は結婚していない可能性が高いので、多くの場合、保険に入る意味があるのでしょうか。少なくとも多くの金額を入る必要はありません。

　こういった保険などの非効率な支出を抑えて前述の積立投資に回すことで資産を飛躍的に増やすことが可能です。**保険以外にも非効率な支出がないか、自分の現状の支出をよく点検しチェックしてみましょう。**月1万円の支出削減が将来の資産に大きな影響を与えるかもしれません。

長期的かつ現実的な目標をつくり
キャッシュフロー表で支出を管理。
多額の保険など非効率な支出が
ないかをチェックしよう！

4

なかなかお金が貯まらないのはなぜですか？ 私自身以外にも原因がありますか？

お金が貯まらないのはさまざまな理由が考えられますが、日本の場合は税金と社会保険料が高いことが大きな要因です。

年収５００万円だとすると、税金と社会保険料でだいたい１２０万円が差し引かれた３８０万円が手取り収入になります。日本は収入が高ければ高いほど税率が高くなる累進課税になっています。たとえば、年収が１０００万円なら税金と社会保険料は２８０万円となり、手取りは７２０万円。年収２０００万円なら税金と社会保険料が７１０万円なので手取りは１２９０万円となります。どれだけ収入が低くても2割程度は税金と社会保険料でなくなります。

年収が高くても、いえ逆に高いからこそお金が貯まらないのです。年収2000万円だと2000万円もらっているつもりになるので、趣味や贅沢にたくさんお金を使ってしまい年収が高くても貯蓄できていない人が本当に多いのです。

家や車を買うのも、お金には変えられない喜びなので人生には必要でしょう。それを否定する気はありません。しかし、人生100年時代となり、年金がもらえるかも分からない状態。とくに若い人は年収が高いからとむやみやたらに贅沢をするのではなく、たくさん貯蓄、投資をするべきだと思います。お金が貯まらないと悩んでいる方は、一度、自分の税金や社会保険料をどれくらい払っているかを確認してみましょう。

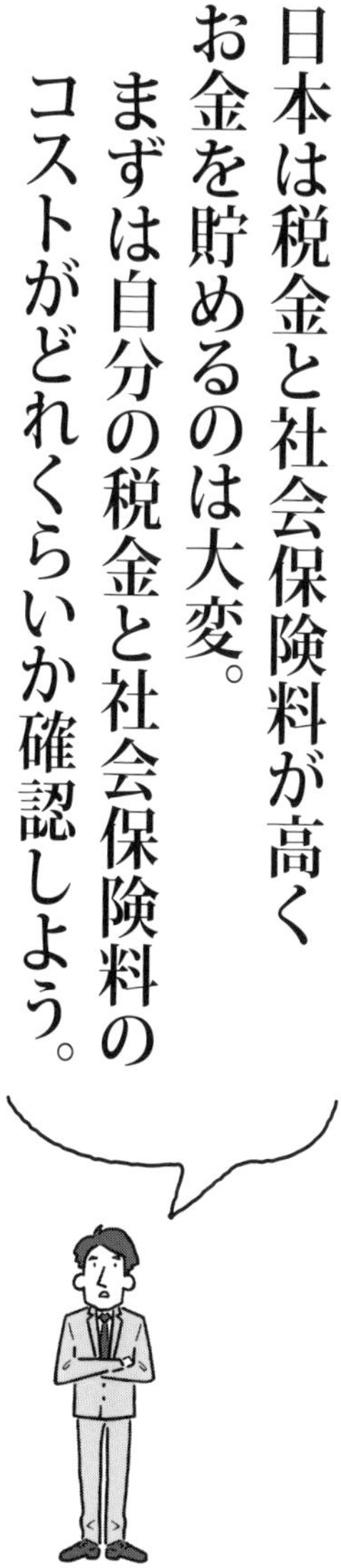
日本は税金と社会保険料が高く
お金を貯めるのは大変。
まずは自分の税金と社会保険料の
コストがどれくらいか確認しよう。

5

ズバリお伺いします。世古口さんはどうやって投資のタネ銭をつくりましたか？

金融機関に勤めていたときの収入の貯蓄と、法人をつくりそこに収入を帰属させて資産形成をしていました。

私は前職のスイス系のプライベートバンクで働いていたときは年収が２０００万円以上と高収入でした。しかし、所得税率が高く手残りはあまり多くないので、このままではまとまった資金を貯めるのはむずかしいなと感じました。

そこで、個人よりも税率が低い法人をつくって、そこに収入を貯めようと思いました。収入源は本業とは関係のないコンサルティング事業などを行い、個人の収入ほどではありませんが、それなりに法人に収入が発生するようになってから飛躍的に資産が貯まるようになりました。さらに、事業で発生した経費などは法人の費用にできますので、利益と通算することで課税負担が低くなりました。

この事業を個人で個人事業として行うのと法人として行うのとでは、全く手残りが違うことになります。個人と法人をうまく使い分けることで税務効率を上げることは、資産形成に寄与すると実体験で理解しました。

以上のタネ銭づくりによりまとまった投資資金ができ、ベンチャーキャピタルやヘッジファンドに投資したことで資産は飛躍的に成長しました。

個人と法人を使い分けて税務効率を最適化。個人の収入が高く税金と社会保険料のコストが高い人は法人に収入を帰属させることを検討！

1億円を貯める「タネ銭づくり」セルフチェック

- □ コツコツ積立投資をしていますか
- □ 不動産投資をしていますか
- □ 本業の収入は今後、上昇する可能性はありますか
- □ 転職した場合に収入は増えますか
- □ 副業をしていますか
- □ 非効率な支出はありませんか
- □ 保険に加入しすぎていませんか？
- □ NISAやiDeCoを活用していますか
- □ 法人を設立して活用していますか
- □ 自分の税金や社会保険料などのコストは把握していますか
- □ お金が貯まらない原因をちゃんと分析していますか

第1章

マインドセット編

なぜ、うまくいく人といかない人がいるのか

6

なぜ資産運用をしなければならないのですか？運用をしないとどうなりますか？

私は、資産運用は自分自身の人生の目標を達成するために行うべきだと考えています。

人生の目標は人それぞれです。老後に安定した生活を送りたい、都内に一軒家を持って家族で幸せに暮らしたい、セカンドライフは海外で生活したい、子どもたちを世界で活躍できる人材に育てたい、大富豪になりたい……など、人の数だけ人生の目標は存在します。

資産運用は、この自分の人生の目標を達成するための手段にすぎないのです。

たとえば、老後に安定した生活を送りたいという人生目標なら、その人にとって何が障害になって、何が必要でしょうか。

まず、**障害になるのはインフレ**（**物価上昇**）**のリスク**です。老後はリタイアしたあとなので年金が主な収入になります。

給料と異なり、年金は物価が上昇しても同じように増えるとは限らず、生活がままならなくなるリスクがあります。

このリスクを回避するために、物価が上昇すると資産価値が上がる可能性が高い外貨や株式、不動産を保有するのです。

では**次に老後に安定した生活を送るために必要なものは何でしょうか。それは安定したインカムゲイン**（**定期収入**）です。

年金に加えて、定期的な収入があれば、より安定した生活を送ることができるでしょう。そのために**不動産を保有し家賃収入を得る、債券を保有して利息収入を得る**わけです。

いかがでしょうか。人生の目標を達成するために資産運用が必要ということがお分かりいただけたかと思います。

これが「子どもたちを世界で活躍できる人材に育てたい」という人生目標だとすると、収入がそこまで高くない方なら、その授業料や留学費を生み出すためにキャピタルゲイン（値上がり益）を得る株式などに投資するわけです。

実際には人生の目標ということを考えずに資産運用自体が目的となっている人もいます。しかし、それ自体を目的としてしまうと、その投資は「投機」となることが多いのです。**投機になると少し価格が上がったから売ったり、ちょっと下がったから買うという本質的でない取引をしてしまいがちです。**

本当に大事なのは、人生の目標を達成することなので、資産運用を始めたい人はまずは自分の人生の目標がいったい何なのかをしっかりと考えてから運用を検討しましょう。

私たちがお客様とお話しをするときも、お客様自身の人生の目標が何なのかを確認したり、もしくは言語化できなければ一緒に考えたりすることにもっとも多くの時間を割いています。意外と自分では気づかなかったり、なんとなくあるけれど、言語化できないという人が多いのではないでしょうか。

まずは**家族や友人、親しい人と自分の人生について話すことで整理をして、しっかりと自分の人生の目標が何かを見つめ直してみましょう。**資産運用を考えるのはそれからです。

投資は人生の目標を達成するための手段。
投資自体が「目的」にならないように目標を明確に決めよう。

7

年金だけで生活できなくなるんですか？「老後２０００万円問題」の意味は何ですか？

年金だけでは生活できなくなります。

60歳から69歳までの平均消費金額は夫婦あわせて月24万円程度です（家計調査報告書・平成29年）。一方で国民年金と厚生年金の平均月額は19万円程度です。つまり、毎月5万円の赤字が発生します。

仮に65歳で引退して１０００万円の貯蓄があった場合は83歳、２０００万円貯蓄があった場合は１００歳には貯蓄が尽きてしまいます。これがいわゆる２０１９年に問題となった「老後２０００万円問題」です。

統計データで考えると
平均年金額19万円で消費額24万円なら

毎月5万円の赤字が出るとの試算を示した
(夫65歳以上、妻60歳以上の無職の世帯)

平均消費金額		平均年金支給額		赤字額
24万円/月	−	19万円/月	=	5万円/月

貯蓄が2000万円あっても毎月5万円の赤字だと
100歳までに貯金は底をつく！

将来の社会保障給付金の見直し

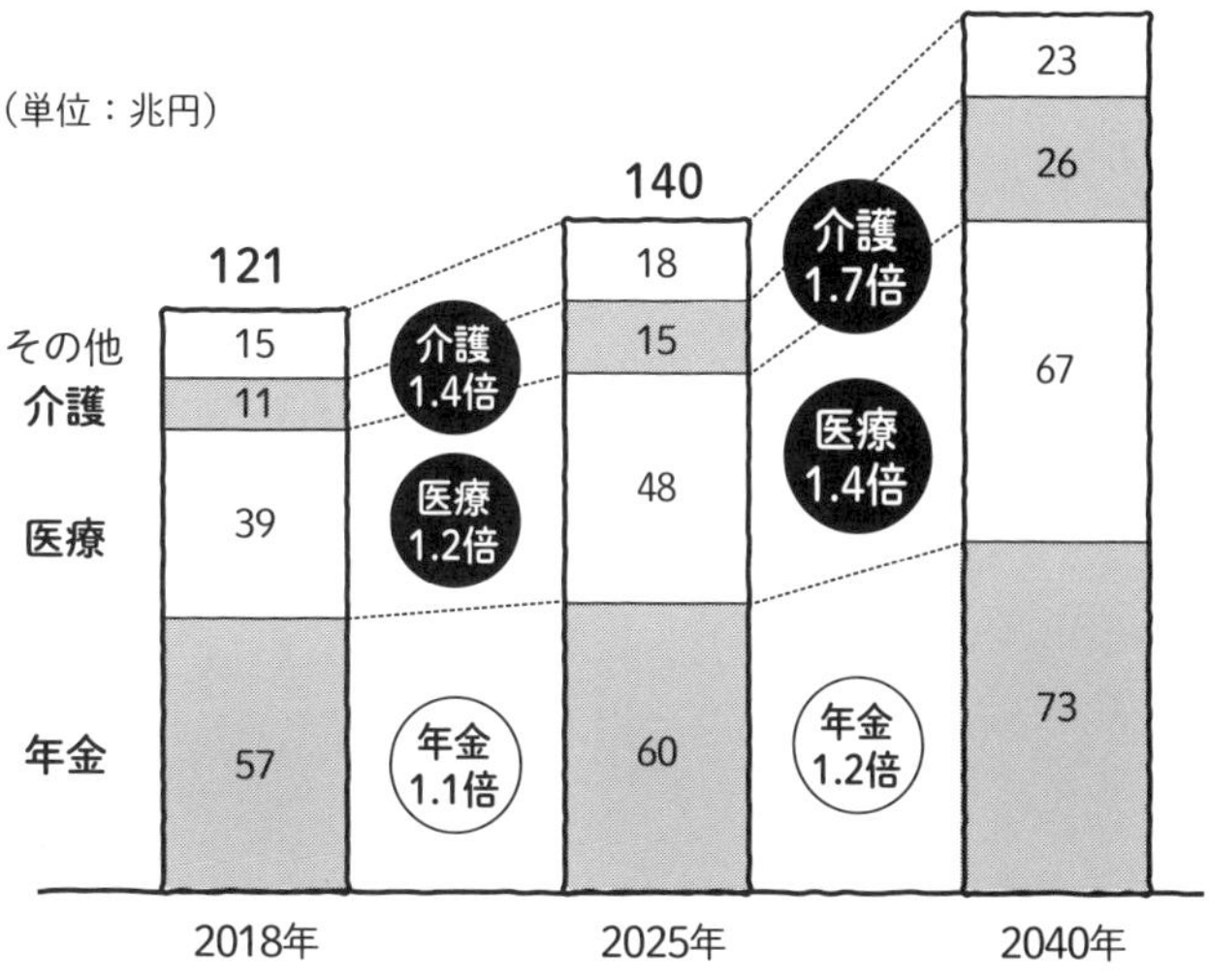

出典：内閣官房・内閣府・財務省・厚生労働省「2040年を見据えた社会保障の将来見通し」(計画ベース・経済ベースラインケース)(2018年5月)を基に作成

年金だけでは生活できないのでしっかり2000万円は貯蓄していきましょう、というだけの内容です。しかし、「国は国民の生活を守ってくれないのか?」という雰囲気になり、当時はかなり話題になりました。

ここではっきり言いますが、国は国民の生活を守ってくれません。正確に表現すると、守っている余裕など日本の財政にはもうないのです。考えてみたら当たり前です。

2018年の年金、医療、介護などの社会保障給付費は合計で121兆円です。財務省の予想では2025年は140兆円、2040年は190兆円です(財務省ホームページ)。そして、日本は人口が減っていくので、収入である歳入が増えることはおそらくありません。

売上は増えなくて費用は確実に増えていく。そんな会社は必ず倒産します。日本はそういう状態なのです。そんな日本に国民一人ひとりの生活の面倒を見ている余裕などないのです。

だから、老後生活資金は自ら蓄える必要があるのです。老後2000万円問題は日本人がその事実を見つめ直す良い機会だったのですが、政治的な批判を避けるために政府は蓋をしてしまいました。

日本は財政に余裕がないどころか、最終的には年金の金額を減らさなければなりません。現在の平均年金額月19万円が30年後は15万円になっていることもあり得ます。

もう一つの問題は寿命が延びることです。２０２０年の日本人男性の平均寿命は81歳、女性は87歳です。医療の発達により２０４５年には平均寿命は１００歳になるとのことです。長生きは素晴らしいことですが、間違いなく言えることは現在よりも生活費をたくさん蓄えておかなければ今のような老後の生活は送れないということです。

年金だけでは豊かな老後生活は送れない。
２０００万円の貯蓄でも十分ではない。
１００歳まで生きる場合の
毎月の赤字を想定して資産形成しよう。

8

全く投資をしたことがないのですが、なにから始めればいいでしょうか？

まずはインデックスファンド（後ほどご説明します）への積立投資から始めましょう。

なぜ初心者には積立投資がいいかというと、積立投資は安定的、かつ簡単に資産形成が可能なことと投資に慣れるのにちょうどいいからです。**積立投資とは毎月もしくは毎日などある特定の日に投資をしていく投資手法です。**積立金額は、たとえば毎月なら月末日に1万円や毎日1000円などで投資をしていきます。

積立投資が安定的に資産形成できる理由は、ドルコスト平均法にあります。**ドルコ**

スト平均法とは毎月や毎日など投資のタイミングを定期的に行うことで投資価格を平均化する投資手法のことです。

株式は毎日激しく価格が動きます。日経平均でも1日で数%動くことがあります。そのような株式なので一時点で10万円投資するのにくらべて、毎月に分けて1年間かけて積立で投資するほうが安定的に投資ができます。

また、**安定的だけではなく簡単に実践できます**。なぜ簡単なのでしょう。普通の株式投資のイメージは毎日株価を見て価格が安くなったところで投資するイメージが強いと思います。しかし、一般の方はそんなトレーダーのような投資はできないですし、時間もないと思います。

この積立投資なら、何も考えずに機械的に毎月や毎日投資が実施されていくので何か考える必要がありません。**投資家がやることは最初のインターネット証券の口座開設と積立投資の設定だけです**。それ以外は何もせず寝ていれば資産がどんどん増えていきます。この手軽さが投資初心者にお勧めする理由の一つです。

では、次になぜインデックスファンドがいいのでしょうか。インデックスファンド

積立投資のイメージ

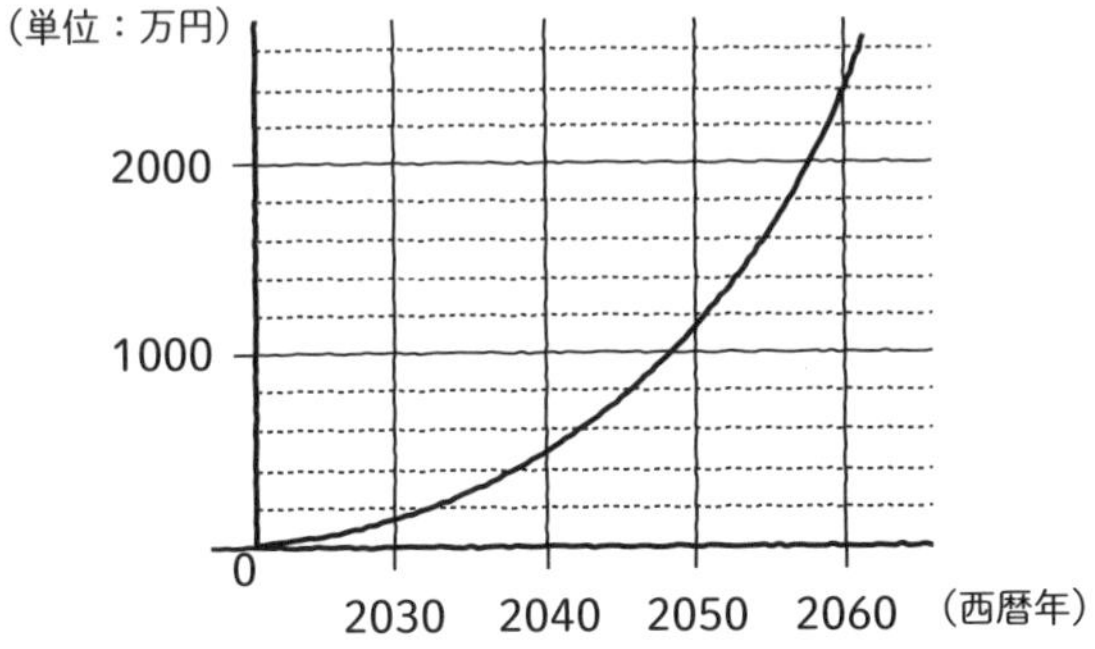
（単位：万円）
2000
1000
0
2030
2040
2050
2060
（西暦年）

積立投資で時間の経過とともに飛躍的に資産は成長する！

とは日経平均株価やアメリカのＳ＆Ｐ５００など、株式指数に連動することを目指して運用する投資信託です。つまり、**日経平均に連動するインデックスファンドを保有すると日経平均株価を構成する株式に分散して投資している**ことになります。

　インデックスファンドに投資して株価を毎日見ていくことで**株式のリスクや経済、世の中の流れを知ることができます。**この投資や株価への慣れが投資経験となり投資家は投資に詳しくなります。投資経験が豊富になれば、さらに高度な投資をすることも可能になります。

また、**複利で運用されます**。複利とは100万円を運用して1年で10％増えたとすると110万円になります。次の年は、この110万円を10％で運用できたとすると121万円になります。このように運用した利益もまとめて、さらに運用していくことを「複利運用」といいます。

複利で運用していけば時間の経過とともに指数関数的に資産が増大していきます。アインシュタインが「複利効果は人類最大の発明」と発言していたようです。アインシュタインが認めた複利運用をインデックスファンドの積立投資なら容易に実践できるということです。

まずはインデックスファンドへの少額の積立投資で投資に慣れよう。慣れてきたら少しずつ難易度が高い投資にチャレンジしていこう。

9

投資したほうがいいことは理解していますが、勇気が出ません。なぜでしょうか？

人間には現状維持バイアスがあるからです。

「現状維持バイアス」とは新しいことをして現在の状態を失うことを恐れてしまう心理作用です。多くの人にとって投資は新しい試みです。投資をすることで損をしたり、ドキドキすることもあります。投資する前の安定した状態を失うことを恐れて、なかなか投資ができないのだと思います。

では、どうすればこの現状維持バイアスを超えて投資できるのでしょうか。**まずは少額で投資を始めてみるのが良い**と思います。少額であれば仮に損をしても失うものは少ないので現状維持バイアスのハードルを下げることができるからです。

まずは1万円や2万円でもいいので投資してみましょう。少額でも損をする感覚や投資対象の値動きを感じることができます。

その投資をしたという経験と感覚が、いずれあなたに勇気を与え、投資に対する背中を押してくれることになるでしょう。

失うことを恐れていては新しいことに
チャレンジできない。
現状維持バイアスを排除するために
まずは少額で投資してみよう。

10

投資詐欺に遭いました。今後ひっかからないためにはどうしたらいいでしょうか？

投資詐欺を見抜くポイントは「免許」と「信用補完」です。

皆さんが思っている以上に世の中は投資詐欺と悪意に満ちています。投資実態があるならまだましですが、最初からだますつもりの詐欺もたくさん存在し、私たちに相談にくる方々もたくさんいます。

私たちへの多くの相談から投資詐欺の共通点を見つけました。免許と信用補完がない点です。投資商品を扱うためには基本的には国や公的機関の免許が必要になります。詐欺案件は免許を保有していない会社が販売しているケースがほとんどです。

次に信用補完の仕組みがない点です。信用補完とは投資の資金が第三者の金融機関でしっかり補完されて販売会社が倒産しても守られる仕組みです。詐欺案件にはこの信用補完も欠如しています。販売者が安全だと言ってもその根拠がないケースが多いのです。

客観的に見ると明らかに怪しいのに詐欺案件に引っかかってしまう大きな理由は「信頼している人からの紹介」というマジックです。友人や頼りにしている人から紹介されると勝手に信用度が上がって怪しい話でも信じてしまうのが人間です。

素人においしい案件が回ってくる確率はほぼゼロ％です。命や家族の次に大事なお金です。冷静に分析して詐欺案件を見破りましょう。

素人においしい話が回ってくることは
ほぼ１００％ない。
業者が公式な免許と信用補完の仕組みを
持っているかを確認しよう。

11

何度も資産運用に失敗してしまうのはなぜでしょうか？　私自身に問題がありますか？

何度も資産運用に失敗する方は次のどれかに該当している可能性が高いです。

短期的な利益を追求する人、リスク許容度を超えた投資をする人、粗悪な金融商品に投資している人、悪質な投資業者やコミュニティと付き合っている人。

まず**短期的な利益を追求する人は失敗することが多い**のです。短期的な利益とは今日株を買って1カ月くらい様子を見て売るとか。頻繁だと毎日売買する。とくに株式取引やＦＸ取引はこういった短期売買で短期的な利益を追求することがよく見うけられます。

しかし、この短期売買の市場で戦っているのは誰でしょうか。ヘッジファンドや金融機関のトレーダーたちです。彼らはこの取引で飯を食っているプロ中のプロです。素人がどれだけ片手間で勝負しても長期的には勝つことは不可能でしょう。

次に**リスク許容度を超えた取引をする人**です。リスク許容度とはその人が取ってよい投資リスクの範囲です。たとえば、リスク許容度が低い人が個別株式に投資したとします。個別株式は値動きが激しく翌日10％下がったとします。リスク許容度を超えて投資をしていると「翌日もっと下がるんじゃないか」と恐怖に駆られてせっかく買った株式を売却してしまうことが多いのです。

２００８年のリーマンショックのとき、同じようなことが多く起きました。株式を持っていた人たちがリーマンで株が大暴落して、もっと下がると思い売却してしまう。しかし、２００９年には株価は戻して売らないほうが良かったという結論です。

これは株式だけではなくＦＸや信用取引でレバレッジ（借入）をかけ過ぎてリスクを取り過ぎている場合にも起こります。リスク許容度を超えた投資は冷静な判断ができず失敗する可能性が高いので注意しましょう。

次に**粗悪な金融商品に投資している人**です。そもそも勝てる見込みが薄い金融商品が存在します。具体的には証券会社の仕組債などです。これらの商品はもともとお客様の投資がうまくいくことが目的ではなく、証券会社が利益を得るために生み出された商品です。そういった商品に投資して長期的にうまくいくはずがありません。

証券会社が扱っているファンドラップ（証券会社に売買を一任する投資口座）も運用コストが高すぎてうまくいかないケースが多いのです。詐欺商品とまでは言いませんが、これらの最初から投資効率が悪いことが分かっている粗悪な投資商品に投資していて、それが危険だと理解していないと資産運用で失敗し続けることになります。

最後に**悪質な投資業者やコミュニティと付き合っている人**です。この「悪質な」とは、担当者が悪意を持っているかどうかとは別です。悪質な案件を善意を持って販売している担当者もいるからです。

私たちはたくさんのお客様からの相談に乗ることにより投資詐欺や悪質な案件をたくさん見てきました。詐欺まがいなファンドや不動産、仮想通貨案件など枚挙にいとまがありません。

資産運用に失敗する人はこのような悪質な業者と付き合っていることが多いように感じます。パターンとしてはそういった悪質な投資案件を共有するコミュニティに入っていることが多いようです。コミュニティの場合はみんなが投資しているので投資しても大丈夫という心理が働き、投資に対する警戒感がなくなってしまいます。いわゆる「集団心理」といわれるものです。

次は、失敗しないために正しいマインドセットを持って投資対象を選定し、正しい投資を行いましょう。

投資に失敗するのには必ず理由がある。大抵は「投資方法」「過大なリスク」「人」が原因。まずは自分がなぜ投資に失敗したのかを冷静に分析しよう。

12

株価が大きく下落しているときに投資したいのですが、どうすればいいでしょうか？

投資に慣れて「落ちてくるナイフをつかむ」勇気を得ることが大事だと思います。落ちてくるナイフをつかむ勇気があれば大暴落したときに臆することなく投資することが可能でしょう。

正しい相場格言は「落ちてくるナイフはつかむな」です。記憶に新しい2020年の3月、4月は、1日で日経平均株価が5%以上、上下するような激しい相場環境で、安全資産である金すら売られる状況でした。

こういうときにはなかなか投資できないものです。投資して自分の資産が半分になっていくことに耐えられる人はそう多くはありません。一方で、私は2020年3月、4月に投資することをお客様に勧めていて、自分自身でも投資していました。

なぜ、そんなことができるのかというとリーマンショックを経験しているからです。2008年のリーマンのときもこの世の終わりという雰囲気で大暴落しましたが、2009年には2008年を取り戻すくらい株価は上昇しました。

「歴史は繰り返す」ということを身をもって知っているからコロナのときにも冷静に投資できました。もちろん短期的にはマイナスになっていいと思って投資しています。


落ちてくるナイフをつかむ勇気を持とう。そのためにもまずは少額でも投資することで値動き（リスク）に慣れておこう。

13

世古口さん自身はどういうマインドセットで投資と向き合っていますか?

私は「お客様に最高の提案をする」ための人体実験というマインドセットで投資しています。

「お客様に最高の提案をする」のが私の人生の目標です。

前述のとおり、投資とは人生の目標を達成するための手段でなければなりません。

私は自分自身の資産は、より投資に詳しくなる人体実験のための原資だと位置付けています。自分の資産で投資することで投資対象の本当の価値やリスクを理解することができると考えています。

私自身の投資は実験なので損をすることも目的に含まれています。自分の投資した資産がゼロになってもあまり悲しくありません。リスクが高い投資だったと理解し、なぜリスクが高いのかを検証し提案に活かせれば目的を達成できます。

私も時の経過とともに結婚や子どもができて状況が変われば人生目標も少し変わるでしょう。その変化に合わせて資産配分とマインドセットを修正し、最適化することがアセットアロケーションなのだと思います。投資家一人ひとりが導き出した答えがすべて正解だと思います。

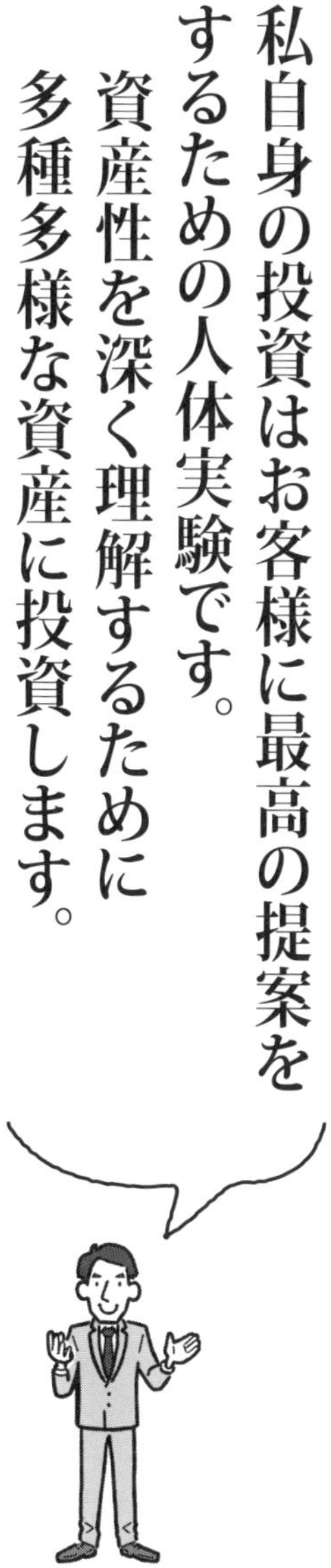
私自身の投資はお客様に最高の提案をするための人体実験です。
資産性を深く理解するために多種多様な資産に投資します。

第1章のまとめ
コラム 1

1億円を貯める「マインドセット」セルフチェック

- □ 人生の目標は何ですか
- □ 資産運用の目的を明確にしていますか
- □ 100歳まで生きる前提で老後の生活資金を貯蓄していますか
- □ いきなりたくさんの資金で投資しようとしていませんか
- □ 自分のリスク許容度を超えた投資をしていませんか
- □ 投資詐欺に引っかからないように注意していますか
- □ 何度も資産運用に失敗していませんか
- □ 株価が下落しているときに投資する「落ちるナイフ」をつかむ勇気はありますか

第2章

資産配分編

運用結果の8割を決める大切なこと

14

資産配分はなぜ大事なのですか？ 個別銘柄は考えなくてもよいのですか。

資産配分が資産運用の結果の8割を決めるからです。

「資産運用の結果の8割が資産配分で決まる」ので、資産運用について考える時間の8割を資産配分について使います。資産配分は資産運用における「総論」になります。

多くの人が間違えがちなのが資産配分ではなく、何の株式を買ったらいいのか、売ったらいいのかという「各論」の話です。資産配分以外が結果に与える影響は2割なのでどんな株式を買ったらいいかは2割の各論なのです。

この「何の株式を買ったらいいか」という2割の各論にハマると投資自体が投資の

目的となってしまい、短期売買になりがちで、よくありません。**個別に何の株式に投資するかは、資産運用の結果の8割が決まる資産全体の最適な配分が確定してから考えればいい**のです。

私たちに相談にくる方からも「テスラの株式を買ったほうがいいですか?」と質問をいただくことがあります。そういうときに私たちは「2割の各論の話はあとにして、まずは8割の総論である資産配分が最適かどうかについて話しませんか?」と返します。

資産運用でもっとも大事な要素が資産配分。「資産運用の結果の8割は資産配分で決まる」がキモ中のキモ。

15

どうやって最適な資産配分を決めればいいのでしょう。ポイントを教えてください。

最適な資産配分は自身の「人生目標」を頂点とした資産配分最適化8要素を考慮して検討しましょう。

まずは自分の人生の目標が何かを明確にしましょう。

最適な資産配分を考える前に明確にしなければならないのが、自分自身の「人生の目標」です。「人生の目標は何ですか?」と聞かれて明確に答えられる人は意外と少ないのです。私たちがお客様にこの質問をして、すぐにはっきりと答えられる方は10人に1人くらいです。

人生目標の例

□ 老後に安定した生活を送りたい

□ 平均よりも裕福な生活を送りたい

□ 都内の一軒家で家族で過ごしたい

□ セカンドライフを海外で生活したい

□ 自分が死んでも家族には苦労させたくない

□ 大富豪になりたい

資産運用は「人生の目標」を達成するための手段！

人生の目標は人それぞれです。しかし、他人の人生目標を知り、近いものを参考にするのは有用だと思います。たとえば「老後に安定した生活を送りたい」という目標もあれば「都内の一軒家で犬を買って家族で裕福に生活したい」という目標もあるでしょう。人によっては「大富豪になりたい」という目標の方もいるでしょう。

この「老後に安定した生活を送りたい」という目標の方と「大富豪になりたい」という目標の方では最適な資産配分は全く異なります。老後に安定した生活を送りたいだけなら、(年齢にもよりますが) 外貨や株式、債券、不動産をバランスよく保有し、老後のインフレ（物価上昇）リスクをヘッジしながら投資対象からインカムゲイン（定期収入）を得ることができれば目標の達成はむずかしくないでしょう。

しかし、大富豪になりたい方は同じような資産運用では目標を達成できません。分散投資していては大きく資産は増えません。そのため、株式の個別銘柄に集中投資をし、多く借入をして一棟不動産をたくさん買って目標を達成するようにします。まさにこれが人生目標により最適な資産配分が異なるということなのです。

したがって大事なのは、**自分の人生目標を言語化する**ことです。**口にするより、最初はいくつか書き出してみるのがいい**でしょう。その中で取捨選択を行い、自分の本当の人生目標を見出しましょう。私たちが資産配分のコンサルティングを行うときに最初にお客様にやっていただくことは、この人生目標を言語化することです。

資産配分の最適化の要素においてもっとも大事なのは人生の目標ですが、他にもたくさんあります。資産配分を最適化する代表的な8要素を紹介したいと思います。

まずは**資産背景**です。資産の規模が小さければ多くの資産に分散する必要はありま

資産配分を最適化するための８要素

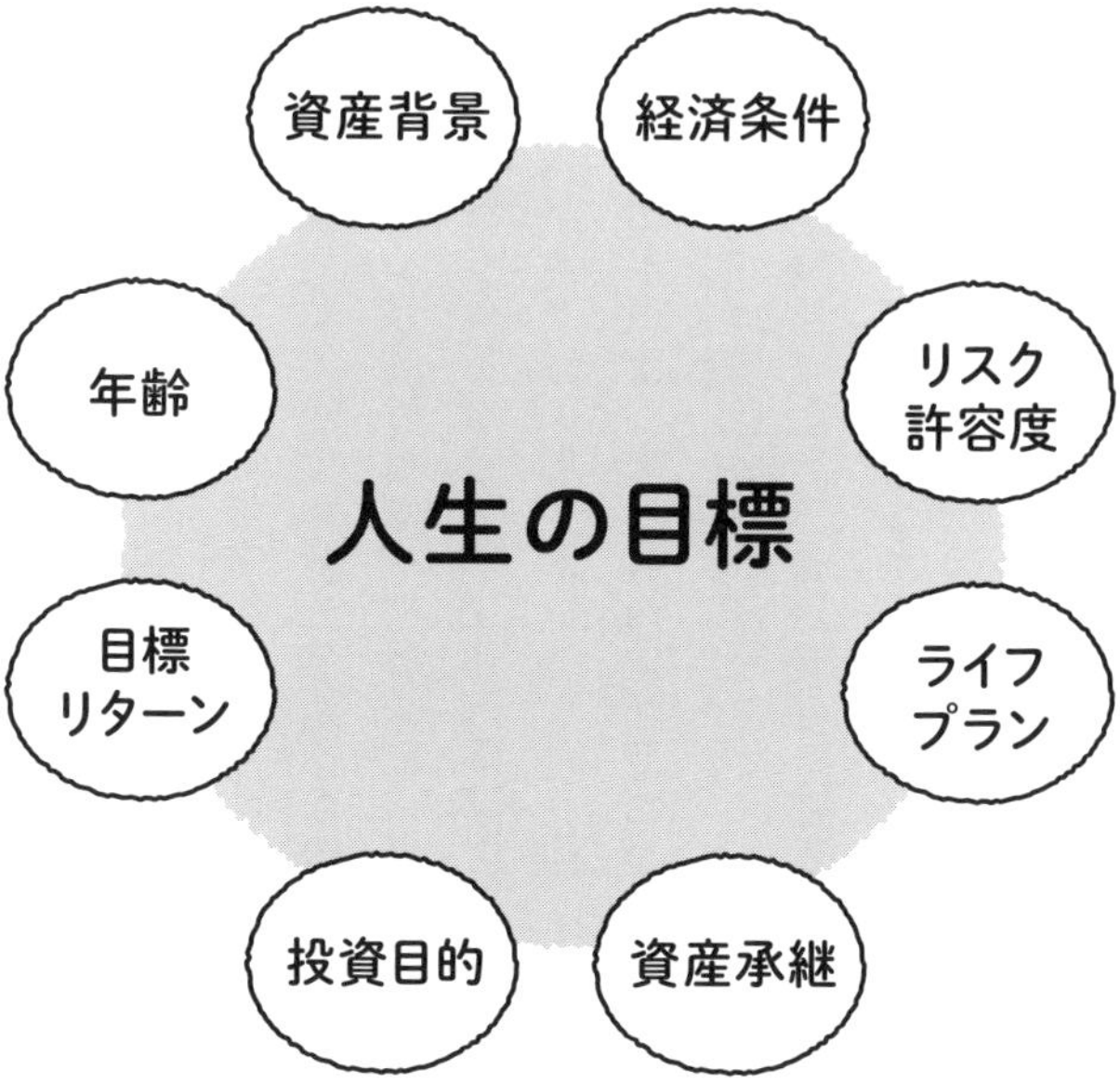

もっとも大事な人生の目標と８要素をすべて考慮し
自分に最適な資産配分を検討しよう！

せんが、資産規模が大きい場合はより多くの種類の資産に分散して投資する必要があります。資産背景によって投資するべき対象が変わってくるのです。

年齢は若ければ投資期間が長いのでリスクを取って株式を多めに、シニアになるとリスクをあまり取れないので株式より債券や国内不動産が多めとなります。年齢は資産配分の最適化に大きな影響を与える要素のひとつです。

目標リターンが高ければ株式多めに、低ければ債券多めになります。目標リターンが年間の目標リターン5％、10％と明確に決まっていれば最適化は容易です。

投資目的がキャピタルゲイン（値上がり益）、インカムゲイン（定期収入）、タックス（税務）メリットなのかによって投資対象が変わってきます。何かひとつである必要はなく複合的な投資目的が設定されることが多いです。

資産承継の観点で配分を最適化することがあります。具体的には相続税、相続争いを避けるために不動産や資産管理会社を活用することがあります。資産承継による最適化という課題は60歳以上のシニア世代になると多くなります。

自宅を購入する、結婚する、子どもができるなど、そのときの**ライフプラン**によって最適な資産配分が変わることがあります。

リスク許容度とはどこまでその人がリスクを取っていいかという基準です。そこを超えた投資はしないほうがいいので資産配分に影響を与えます。

最後に**経済条件**です。今後、インフレになるか円安になるかなど経済の見通しについての考えによっても最適な資産配分は異なります。経済が良くなる、インフレと考えるなら株式や不動産が多めになるでしょう。

これらの要素どれかひとつということではなく、人生の目標を頂点としてその他の8要素も複合的に考慮しながら最適な資産配分を検討する必要があります。

最適な資産配分は自分の人生目標を達成するための手段。自分の目標を達成するための配分になっているかを定期的に確認。

16

自分の資産配分をどのように管理すればいいですか？　自分でできる方法はありますか？

自分の資産配分は資産配分シートで一元管理しましょう。

資産配分シートとは当社でお客様の資産を管理するときに使っている資産配分を一元管理するためのツールです。資産クラスごとに自分が保有している資産金額を入力すると全体のバランスが下のほうに算出されます。

エクセルで簡単に作れますので、ぜひ一度自分の資産を棚卸しして、全体のバランスを確認してみてください。

資産配分シートを作成してみよう（例）

	金融資産	金額（千円）	比率	実物資産	金額（千円）	比率
円資産	1 日本株式	15,000	1.9%	7 国内不動産	350,000	44.9%
	2 日本債券	10,000	1.3%	（ローン）	150,000	19.2%
外貨資産	3 外国株式　先進国	20,000	2.6%	8 海外不動産　先進国	30,000	3.8%
	4　新興国	10,000	1.3%	9　新興国	10,000	1.3%
				（ローン）	10,000	1.3%
	5 外国債券　先進国	130,000	16.7%	10 コモディティ　金	15,000	1.9%
	6　新興国	20,000	2.6%	11 コモディティ　その他	30,000	3.8%
その他の資産	12 日本 REIT	0	0.0%			
	13 外国 REIT	20,000	2.6%			
	14 オルタナティブ	60,000	7.7%			
流動性資産	15 現金・預金（円）	50,000	6.4%			
	16 現金・預金（外貨）	10,000	1.3%			

	金額	比率
総資産合計	780,000	125.8%
純資産合計	620,000	100.0%
金融資産比率	345,000	44.2%
実物資産比率	435,000	55.8%
外貨比率	325,000	50.8%
株式比率	45,000	13.0%
債券比率	160,000	46.4%

〈本人情報〉

年齢：67歳
職業：医師
年収：2000万円
家族構成：奥様60歳・長男35歳
次男32歳
積立投資の有無：
先進国株式5万円／月
保有不動産の種類：
自宅・投資区分マンション8戸

レバレッジ比率
純資産に対して総資産が何倍になっているかという指標。高ければ高いほど借入リスクを取っていること。

資産配分シートで
自分の資産配分を管理しよう！

簡単に資産配分シートを説明します。

下のほうにある**資産全体のバランスの総資産合計の比率125％とはレバレッジ比率**です。純資産に対して借入を行い総資産を何倍にして投資しているかという比率です。

このレバレッジ比率は高すぎるとリスクの取りすぎ、低すぎると投資効率が悪い状態となります。資産配分例の方は67歳という年齢や高い収入を考慮すると125％は少し低い状態になるので、借入を増やして150％程度まで高めてもいいでしょう。

次に**金融資産と実物資産のバランス**です。実物資産の保有比率が高すぎると流動性が低い状態、実物資産が少なすぎるとインフレに対して耐性が低い状態と言えます。ある程度、流動性が高い金融資産も保有したほうがいいので金融資産であれば30％から50％、実物資産であれば50％から70％が適切かと思います。

次に大事なのは**外貨比率**です。外貨比率は特段、為替相場に対する見通しがなければ50％程度が適切かと思います。円安になる可能性が高いと考えている場合はもう少し外貨比率を高めて60％としたり、円高を予想するなら40％と外貨比率を下げてもいいと思います。ここでの資産配分例では外貨比率50％なので適切な水準です。

次に**金融資産に占める株式と債券の保有比率**です。これは年齢や目標リターンによって変えていきます。年齢が若く目標リターンが高ければ債券より株式の比率を高めます。シニアになったり、目標リターンが低ければ株式より債券の比率を高めます。資産配分例の方は年齢やリスク許容度を考慮して適切な株式と債券の保有比率かと思います。

自分の資産配分シートを作ったあとは半年に一度など、定期的に自分の資産配分が何かにかたよっていないか、診断しましょう。

自分の資産配分は資産配分シートで一元管理しよう。作成したあとは半年に一度、資産が何かにかたよっていないか定期診断する。

17

まずはなにから投資をしたほうがいいですか？今は預金だけしか保有していません。

まずはコア（中核）資産である株式、債券、国内不動産に投資しましょう。
そして、**コア資産をしっかり構築したあとにそれ以外のサテライト（周辺）資産に投資していきましょう。**

この**コア資産とサテライト資産の考え方は投資の優先順位を決めるうえで重要です。**コア資産とサテライト資産への投資で悩んだ場合、自分がまだコア資産が十分に構築できていないと考えるのであれば、コア資産に投資したほうがいいでしょう。

投資の優先順位をつける

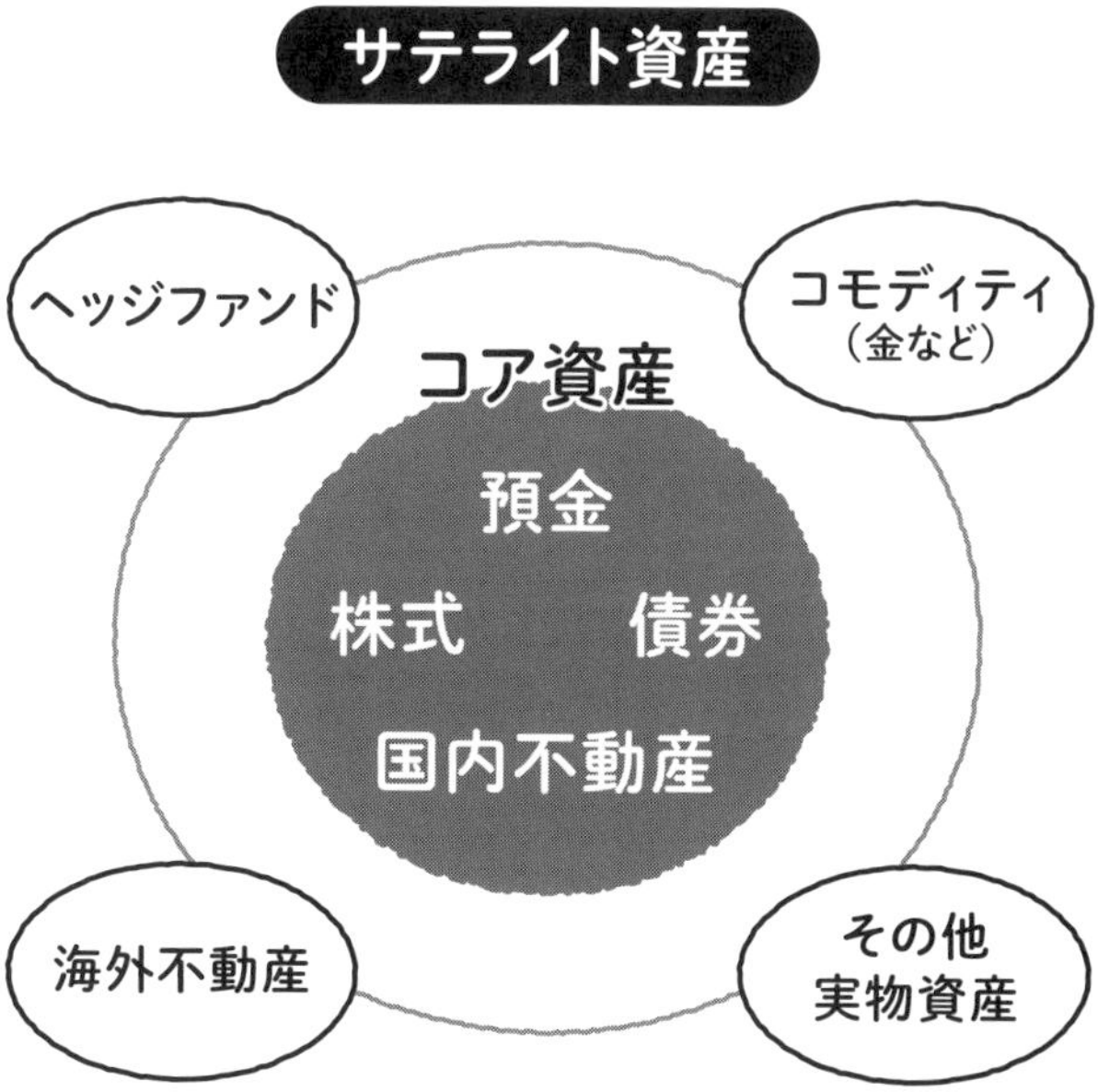

サテライト資産
ヘッジファンド
コモディティ
（金など）
コア資産
預金
株式
債券
国内不動産
海外不動産
その他
実物資産

まずはコア資産！
次にサテライト資産への投資を検討しよう！

まずコア資産の**預金**。説明は不要でしょうが、流動性がもっとも高い資産でいざ資金が必要なときのために、ある一定金額は預金を保有しておくべきでしょう。

次に**株式**。2大金融資産のひとつで資産を大きく成長させるインフレリスクのヘッジのために必要な資産です。この株式は国内も海外もどちらもあてはまります。

次に**債券**。2大金融資産のひとつで安定的なインカムゲイン（定期収入）を得るために必要な資産です。国内の円建て債券は金利がゼロなので、この債券とは外貨建ての債券と理解してください。

最後に**国内不動産**。国内不動産は資産形成、インカムゲイン、インフレリスクヘッジ、タックスメリット、レバレッジ効果などを得るために必要不可欠な資産なので、コア資産にカテゴライズしています。

次にサテライト資産を見てみましょう。

代表格の**ヘッジファンド**。通常の株式や債券ほどは必要ではないですが、保有資産が多い富裕層であれば検討してもいいでしょう。金融資産のコア資産である株式や債券への投資が、ある程度、完了してから投資を検討しましょう。

次に**海外不動産**。海外不動産は国内不動産と比較すると成功確率が低いのと難易度が高いのでサテライト資産と位置付けています。コア資産である国内不動産への投資が、ある程度、完了し、保有資産が多い方は検討してもいいでしょう。

コモディティとは金や銀などの貴金属、原油や天然ガスなどのエネルギーを指します。そのものに投資するのは大変なので価格が連動するETF（110ページ参照）を活用しましょう。

その他の実物資産とは太陽光発電設備や絵画、ワイン、クラシックカー、時計など投資対象は多岐にわたります。仮想通貨などもコア資産よりは投資の優先順位が低いサテライト資産に分類されます。

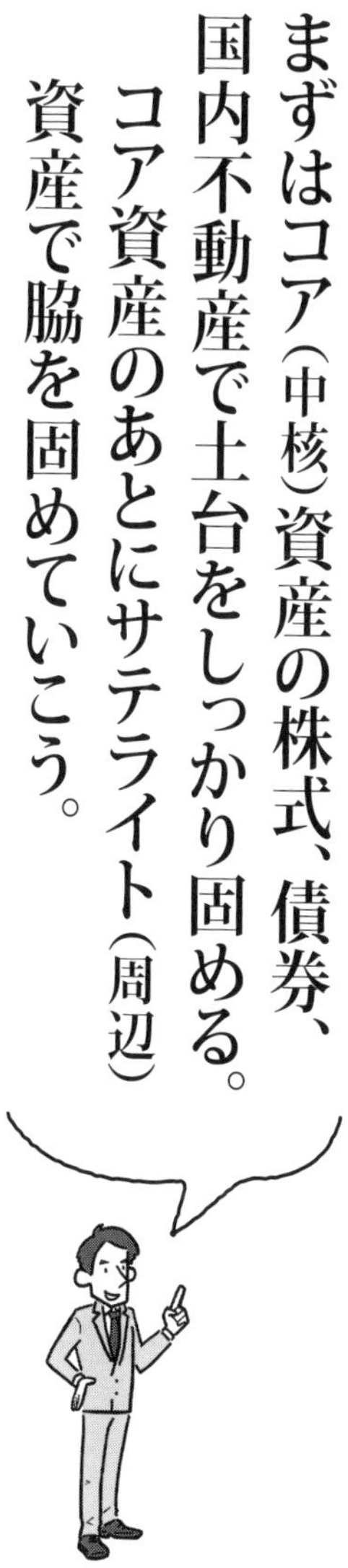
まずはコア（中核）資産の株式、債券、国内不動産で土台をしっかり固める。コア資産のあとにサテライト（周辺）資産で脇を固めていこう。

18

年代別の最適な資産配分を教えてください。なにか傾向はありますか？

ここでは、分かりやすく金融資産の株式と債券の比率だけで考えます。

20代は株式１００％、30代は株式75％、40代は株式50％、50代は株式25％、60代以上は株式０％とし、逆に債券の保有比率を世代ごとに25％ずつ増やしていきましょう。

若い20代から30代なら、投資で資産を失っても取り戻す時間は十分にあります。いまの若い人たちに共通のリスクは年金が減るのと１００歳まで長生きすることにより老後の生活費が枯渇することです。だから、若いうちにリスクを取って、株式に多く投資することでたくさん資産を増やしておく必要があります。

40代はジュニアとシニアの中間世代といえます。リスクと安全性をハイブリッドさせて株式50％、債券50％という比率がいいでしょう。

50代は完全なシニアではありませんが、リタイア（退職）が見えてくる世代です。リタイアを目指して保有債券の比率を増やしていきましょう。

60代以上のシニア世代は虎の子のお金となるので、さらに安全性を重視して債券100％でいいでしょう。**現役のころの給料に代わるインカムゲイン（定期収入）を債券から得て、年金と合わせて生活原資にしていきましょう**。シニア世代が株式を保有することは否定しませんが、そもそも必要かという観点で考えたほうがいいでしょう。

若いときは株式に投資、歳を重ねたら
株式を減らして債券を増やそう。
仕事を引退したら債券と国内不動産の
インカムゲインで生活するのが理想。

19

10年間で元手が倍になる年間利回り7%はどんな資産配分なら達成できますか？

株式と債券、ヘッジファンド、国内不動産を組み合わせた資産配分であれば年利回り7%を達成することは可能だと思います。

まず現在の年利回り7%という数字をどうとらえればいいでしょうか。2021年1月現在のアメリカ10年国債の年利回りは1%程度です。つまり7%の利回りを達成するためにはアメリカ国債の利回りを6%上回らなければなりません。実は、これはなかなか大変なことです。

アメリカ国債の利回りが5%のとき年利7%はそれほどむずかしくありません。な

年間利回り7%の複利運用なら10年間で元手を倍にできる

	金融資産	金額（千円）	比率	実物資産	金額（千円）	比率
円資産	1 日本株式	20,000	4.2%	7 国内不動産	200,000	41.7%
	2 日本債券	0	0.0%	（ローン）	100,000	20.8%
外貨資産	3 外国株式　先進国	40,000	8.3%	8 海外不動産　先進国	0	0.0%
	4　新興国	40,000	8.3%	9　新興国	0	0.0%
				（ローン）	0	0.0%
	5 外国債券　先進国	50,000	10.4%	10 コモディティ　金	0	0.0%
	6　新興国	0	0.0%	11 コモディティ　その他	0	0.0%
その他の資産	12 日本 REIT	0	0.0%			
	13 外国 REIT	0	0.0%			
	14 オルタナティブ	100,000	20.8%			
流動性資産	15 現金・預金（円）	30,000	6.3%			
	16 現金・預金（外貨）	0	0.0%			

	金額	比率
総資産合計	480,000	126.3%
純資産合計	380,000	100.0%
金融資産比率	280,000	58.3%
実物資産比率	200,000	41.7%
外貨比率	230,000	60.5%
株式比率	100,000	35.7%
債券比率	50,000	17.9%

〈資産詳細〉

日本株式：ETF
先進国株式：ETF
新興国株式：ETF
先進国債券：
　低格付け債券（BからBB）
オルタナティブ：ヘッジファンド
国内不動産：都内区分マンション

年間利回り７％は
資産配分によっては達成可能！

ぜなら2%上乗せした利回りを得るためには、アメリカ国債より少し格付けが低い債券に投資すれば実現可能だからです。そういう利回り7%の債券に投資して長期保有していれば年利7%は余裕で達成できます。現在はアメリカをはじめ世界各国の金利が低くなっているためにむずかしいのです。しかし、難易度が高いというだけで決して不可能ではありません。ただ、この低金利下で高い利回りを得るためには工夫が必要になってきます。では、どうすれば7%の利回りを達成できるでしょうか。

まず株式は日本、先進国、新興国の株式に投資しますが、**もっとも効率的に資産運用が可能なETF（上場投資信託）と呼ばれる金融商品に投資します**。なおかつ通常は先進国株式の割合を多くすることがよくとられますが、7%の利回りを達成するために新興国株式の保有割合を先進国株式と同じくらいまで高めます。これで株式の合計期待リターンは年5・5%程度になると思います。

先進国債券は低格付け債券に投資します。低格付けBからBBまでの利回り6%前後の債券を中心に投資します。債券は確定利回りなので発行会社に何もなければ年利6%を達成できます。

次に**ヘッジファンド**です。それなりに高リターンの実績があるファンドを選びましょう。10年以上、実績ベースで年間リターン13％のファンドを選ぶと期待リターンは年13％となります。こういったファンドはリスク（変動率）も高くなります。

国内不動産は都内の区分マンションでいいと思いますが、高利回りを得るために収益性が高い物件を選びましょう。少し古めの物件にするか、立地を悪くすれば年利6％程度の物件はあるので不動産は年利回り6％と想定します。

こういった資産配分とすることで資産配分例の年間目標利回りは7・1％程度となり年利回り7％の達成も可能です。年間利回り7％での複利運用であれば10年で資産が2倍になりますので、明確でわかりやすい良い目標設定だと思います。

年利回り7％は不可能ではないが
野心的な目標。
リスクと収益性が高い株式や
ヘッジファンドにも投資する必要あり。

20

日本の経済は成長せず、デフレ、円高になると考えます。どんな資産配分が合っていますか？

質問者様のお考えには円預金100％の資産配分が合っていると思います。

経済が成長しないならば株を持つ必要がなく、デフレになるのであれば株や不動産を持つ必要もありません。円高になるとすれば外貨資産も保有しないほうがいいでしょう。そうなると質問者様のお考えに適しているのは円預金100％となります。

ご自身に確かなお考えがあって確固たる自信があるのであれば、その通りの資産配分にするべきだと思います。それで自分の資産がどうなったとしても信じて選んだ道なので納得できるでしょう。

経済がどうなるかなんて、誰にも分からないし予想できないと私は考えています。経済が良くなるか悪くなるか、インフレになるかデフレになるかなど、両方を同じくらい予測している経済学者がいるのでもはや神学論争と考えています。過去の経済結果もたまたまそう予測していた人が結果的に注目されているだけです。

未来は誰にも分からない。むしろ大事なのは、どういう未来や経済状態になっても自分の資産が守られている状態になっていることです。ハイパーインフレになっても、日本が破綻しても、リーマンショックが起こっても、コロナショックになっても資産が守られる。これが資産分散であり、資産配分の最適化（アセットアロケーション）です。

日本は経済が成長しない、デフレ、円高になると信じるならば円預金100%。しかし予想が外れたら待っているのは地獄の一丁目。

21

世古口さんはどんな資産配分でなにに投資していますか？　プロの方の考え方を知りたいです。

ざっくり私の資産配分は国内不動産４割、日本株式２割、先進国・新興国株式２割、ヘッジファンド１割、その他１割です。

投資対象はさまざまなので、簡単に説明していきます。

いちばん割合が大きい国内不動産は都内の区分マンションを複数保有しています。

国内不動産は主に借入で投資しているので資産配分の割合が大きくなっています。

日本株式は日本の個別の上場株式、ベンチャーキャピタル（ＶＣ）ファンド、積立インデックスファンドです。

先進国・新興国株式は外国ETF、インデックスファンドです。

ヘッジファンドはスイス籍のファンドに投資しており、2020年のコロナ禍でも月次でマイナスはほぼなく、年率リターン9%で運用できています。

その他の投資対象としては先進国債券。個別企業が発行する米ドル建ての劣後債に投資。あとはアメリカの一軒家、新興国不動産はフィリピンのランドバンキング（土地投資）。あとは絵画や金、仮想通貨、太陽光発電設備などに投資しています。

私の自分自身の投資は投資に詳しくなるための人体実験です。利益を出すことより投資経験を豊かにすることで、誰よりも投資に詳しくなりたいと考えています。

国内不動産4割、日本株式2割、
先進国・新興国株式2割、
ヘッジファンド1割、その他1割。
具体的な投資対象は多岐にわたります。

1億円を貯める
「資産配分」セルフチェック

- □ 自分の資産配分を正確に把握していますか
- □ 人生の目標を達成するための最適な資産配分になっていますか
- □ 年間の目標リターンを明確に設定していますか
- □ 自分の投資目的に合致した資産配分になっていますか
- □ 自分の年齢に適した資産配分になっていますか
- □ 自分のライフプランに適した資産配分になっていますか
- □ 自分自身の経済見通しに合った資産配分になっていますか
- □「何から投資すればいいか」の優先順位は明確になっていますか
- □ 資産配分を管理するツールを使っていますか

第3章

株式編

若いころから始め、長期保有をねらう

22

なぜ株式を持たなければならないのですか？そもそもの理由を教えてください。

世界の経済成長やインフレに置いていかれないためです。

世界の経済が成長し、インフレになるとどうなるでしょうか。生活物価や家賃などが上がり支出が増えることになります。

日本人はバブル崩壊以降デフレと経済衰退が続いているため、インフレを忘れてしまっていますが、実際に海外の先進国や新興国はインフレで急激に生活物価が上がっています。アメリカのサンフランシスコに住んでいる友人は2010年から2020年の10年間で借りている家の賃料が2倍になったとのことです。

アメリカは2007年から2017年の10年間で平均20％家賃が上昇しています。つい日本人は忘れがちですが、グローバルスタンダードで考えたら経済は成長するし、インフレになって生活物価は上がることも想定しなければなりません。

基本的にインフレになれば給料も上昇しますので、会社に勤めて働いている人は自然にリスクヘッジができていることになります。

しかし、インフレになっても給料が上がりづらい仕事もあるでしょう。世界の激しい産業変化のなかで衰退していく業界などは業績が悪く給料を増やすのはむずかしい可能性があるからです。

あと年金で生活している人たちはどうでしょう。インフレになると年金が上昇する仕組みもありますが、財政が逼迫している国はインフレ率通りに年金額を上げることはむずかしいので日本のような国はむずかしいでしょう。

そういうインフレリスクに弱い人たちは株式を保有することで、経済成長に置いていかれるリスクをヘッジすることができます。つまり、経済が成長すれば株価が上昇するので、株式を持っていれば保有資産額が上昇します。

投資と投機は似て非なるモノ

株式投機　＝　短期売買

株式投資　＝　長期投資

投機はギャンブル！　資産形成は投資でしよう!!

その株式を売却することで、上がった生活費をカバーする資金にできます。

株式投資というと短期で売買するイメージが強いですが、それは株式投資ではなく株式投機です。

本来はこのように経済が成長することやインフレになって生活ができなくなるリスクをヘッジするのが正しい株式の使い方です。

ここまで世界の経済が成長する前提で話してきましたが、もちろん成長しない可能性もあると思います。

経済が成長しなければ株式も上がらない可能性が高いので、結果的に株式を持たなくても良かったことになりえます。

しかし、**私は世界の経済は成長するという前提に立ったほうが良いと思っています。**

その理由は2つあります。

ひとつは**世界の人口がほぼ間違いなく増加するから**です。国連やIMF（国際通貨基金）などの国際機関が発表している人口統計では2020年現在の世界の人口は77億人ですが、2050年は95億人、2100年は108億人と予測しています。

人口が増えれば国の売上であるGDP（国内総生産）も増えますので、経済の規模は成長し、株価の上昇に寄与してくれる可能性が高いと考えています。


もうひとつ世界の株式が上がると思う理由は**生産性の向上**です。昔は人の仕事の中心は農業でした。

しかし、技術革新とともに鉄鋼業や製造業ができ、いまではインターネット革命によりIT産業が世界株式市場の上位を独占している状態です。

この先、世界がどうなるかはわかりませんが、間違いなくさらにIT化、ロボット化していくことで1人あたりの生産性は上がっていくでしょう。

世界の将来推計人口　国別ランキングと推移

順位	2013年 国	2013年 人口	2050年 国	2050年 人口	2100年 国	2100年 人口
	世界	71.6億人	世界	95.5億人	世界	108.5億人
1	中国	13.8億人	インド	16.2億人	インド	15.4億人
2	インド	12.5億人	中国	13.8億人	中国	10.8億人
3	アメリカ	3.2億人	ナイジェリア	4.4億人	ナイジェリア	9.1億人
4	インドネシア	2.4億人	アメリカ	4.0億人	アメリカ	4.6億人
5	ブラジル	2.0億人	インドネシア	3.2億人	インドネシア	3.1億人
6	パキスタン	1.8億人	パキスタン	2.7億人	タンザニア	2.7億人
7	ナイジェリア	1.7億人	ブラジル	2.3億人	パキスタン	2.6億人
8	バングラデシュ	1.5億人	バングラデシュ	2.0億人	コンゴ民主共和国	2.6億人
9	ロシア	1.4億人	エチオピア	1.8億人	エチオピア	2.4億人
10	日本	1.2億人	フィリピン	1.5億人	ウガンダ	2.0億人

出典：国連人口部「2012年版 世界人口展望」

世界の人口は増加する！
人口増加により世界経済は成長する!!

人口が増えてIT化が進み、1人あたりの生産性が上がれば、当然のごとく世界経済は成長し株価も上昇、インフレになるでしょう。

株式に投資することは短期で売買して利益を得ることのように考えている方が多いですが、本質は世界の経済成長とインフレに自分だけが置いていかれないためのリスクヘッジです。短期的な投機にならないよう株式投資の本当の目的を意識しながら長期的な投資にしましょう。

世界の経済成長やインフレに置いていかれないために株式に投資する。「人口増加×生産性向上」で世界経済は成長しインフレになる可能性が高い。

23

株式投資はなぜインデックスファンドがいいのですか？　その理由はなんですか？

インデックスファンドがもっとも長期・分散・積立運用に向いているからです。
具体的には運用コストが安く、投資銘柄が分散されており、ドルコスト平均法による積立投資が可能だからです。

まずは運用コスト。通常の株式型のアクティブファンド（指数を超えるパフォーマンスを目指すファンド）は一般的に年間1％から2％の信託報酬に加えてファンドによっては最初の販売手数料が数％かかります。一方でインデックスファンドは信託報酬0・1％から0・5％と運用コストが大幅に下がり、最初の販売手数料もかかりません。1年だけで見たら大したことないかもしれませんが10年、20年単位で見たらパフォーマンスが10%、20%差がつきます。

この運用コストに加えてインデックスファンドは多岐にわたる株式銘柄に分散投資されています。個別株式への投資は変動が大きく、多くの銘柄に分散されているインデックスファンドは安定運用に向いています。

また、ドルコスト平均法による積立投資に向いています。毎月1万円、毎日1000円と円金額単位で投資単位を選べるため、株が下がっているときにはたくさん買えて、上がっているときには投資金額を抑えることが可能です。

インデックスファンドは簡単に長期複利積立投資、銘柄分散ができ、ドルコスト平均法を駆使した投資が可能。

24

個別株式にも投資したほうがいいですか？ どんな場合なら世古口さんは勧めますか？

特段、好きな会社がないなら個別株式に投資する必要はないと思います。

個別株式は価格の変動が大きくインデックスファンドへの投資よりも変動率（リスク）が高い投資になります。つまり、安定的な資産形成を求めているならば個別株式は不要で、インデックスファンドでの投資で事足ります。

あと個別株式への投資は短期売買になりがちです。株価の変動が大きいので投資したあと株価が気になってしまいます。1日で株が10％上昇すると利益確定のために株を売却したくなったり、10％下落すると不安になって毎日株価を見てしまいます。そうなると短期売買になりがちなので、個別株式への投資には注意が必要です。
短期売買を勧めない理由は戦う相手がプロの投資家になるからです。個人が生半可に勉強したところで長期的に勝てるわけがありません。

唯一、個別株式に投資していい条件は、投資する会社が「好き」な場合です。**会社が行う事業に社会的意義を見出したり、理念に共感している場合は株価が下落しても会社を応援する気持ちで長期保有が可能だから**です。

**個別株式に投資する必要はない。
好きな会社があり長期保有できるなら
投資してもいい。
好きなら株価が下がっても我慢できる。**

25

毎日投資している株式の価格が気になって仕方がありません。どうすればいいですか？

毎日株価が気になってしまうのは、**その株式資産があなたのリスク許容度を超えている可能性があるので、売却を検討してもいい**でしょう。

「リスク許容度」とは自分が投資において、取ってもいいリスクの範囲です。このリスク許容度を超えた投資をしてしまうと質問者のように不安になったり、価格が下がったときにもっと下がるんじゃないかと心配になって、どこかで売却してしまう可能性があります。

このリスク許容度を超えた投資はそもそもしないほうが本人のためです。朝起きて最初に見るのが株価や仮想通貨の価格なんて多くの人は嫌でしょう。

では、この自分のリスク許容度を確認するにはどうしたらいいでしょうか。

私がお勧めしている方法は過去の年ごとの各資産のパフォーマンスをチェックすることです。たとえば２００８年はリーマンショックにより新興国株式は55％下落、先進国株式ですら41％下がりました。こういった時に自分であれば不安になって売却してしまうのならリスク許容度を超えている可能性が高いので、その株式に投資してはいけなかったことになります。

毎日株価が気になるのはリスク許容度を超えた投資をしている可能性あり。自分のリスク許容度を超えた資産に投資するのはストレスなのでやめよう。

26

日本と海外どちらの株式に投資したほうがいいですか？　日本に住んでいる日本人です。

どちらにも投資したほうがいいと思います。

一方で投資配分は外国株式を多くしたほうがいいでしょう。

まず、株式に投資する意味は、前述のとおり経済成長やインフレに自分だけが置いていかれないようにするためです。日本に住んでいる日本人の場合なら、日本の株式を保有するのが日本のインフレにはもっとも効果的でしょう。

では、なぜ日本株式ではなく外国株式の資産配分を多くしたほうがいいのでしょうか。それは外国株式のほうが成長する確率が高いからです。外国株式のほうが成長する理由は2つあります。ひとつは**日本の人口減少と海外の人口増加**。もうひとつは**過去の実績（トラックレコード）**です。

前述のとおり世界の人口は増加します。一方で日本の人口は減少していく可能性が高いと言われています。内閣府が発表している、日本の人口予想は2060年に8600万人です。2020年の日本の人口は1億2700万人でしたので4100万人も減っています。

40年後は32%も人口が減っている国のGDPはどうなっているでしょうか。日本人の生産性が変わらないとしたら、2019年のGDP561兆円は32%（179兆円）減って382兆円になっている可能性が高いでしょう。GDPが179兆円失われた日本の会社の株価は上がっているでしょうか。個別の株価は分かりませんが、全体でいうと下落している可能性が高いと思います。

一方で世界の人口は増加していきます。つまり、人口予測にのっとれば日本の株式より海外の株式に投資したほうがいいのです。**日本の人口が減り、海外の人口が増えることが**、日本よりも海外の株式に投資したほうがいい理由のひとつです。

2つめの理由は過去の実績です。

実績を見ると日本の株式より世界の株式に投資したほうがいいことを如実に示しています。1989年（平成元年）時点と2019年（平成31年）時点の世界の株価時価総額のランキングを比較してみるとよくわかります。

1989年は日本のバブルということもありますが、上位50社中32社が日本企業と上位のほとんどを日本企業が占めています。一方で30年後の2019年の時価総額ランキングを見てみましょう。日本企業は43位のトヨタ自動車だけで、あとはアメリカや中国をはじめとした海外企業が占めています。

このデータは、この30年間で海外の企業が日本の企業よりも圧倒的に株価が成長していることを示しています。しかし、日本の企業が全く成長していないわけではありません。トヨタ自動車の1989年の時価総額は541億ドルに対して、2019年は1787億ドルなので3倍以上に株価は成長しています。

つまり、**日本企業以上に圧倒的に海外企業が成長しているのです。この海外企業の圧倒的な成長を取り込むためには外国株式への投資が必要です。**これが日本の株式より海外の株式に投資したほうがいい、2つめの理由です。

もうひとつ、**この時価総額ランキングで着目すべきことは企業の新陳代謝です。**ソフトバンクやファーストリテイリングなど、日本企業での時価総額のランキングの入れ替わりもありますが、多くは新陳代謝していないように感じます。

一方で海外企業はどうでしょうか。アメリカのインターネット大手のGAFAをはじめ中国のアリババなど30年前には存在していなかった、もしくは上場していなかったような会社が上位を独占し、過去の大企業を抜き去って突き放しています。この圧倒的な企業の新陳代謝と成長も海外企業に投資したほうがいい理由のひとつです。

日本株式と外国株式どちらにも投資したほうがいい。日本より成長する可能性が高い外国株式の割合を高くしよう。

27

ETF（上場投資信託）とはなんですか？インデックスファンドとの違いを教えてください。

ＥＴＦとは証券取引所に上場していて取引時間内に売買が可能な投資信託のことです。

ＥＴＦもインデックスファンドと仕組みは同じで、特定の指数に連動する運用を目指しています。しかし、**インデックスファンドとの違いは株式のように取引所で売買できる**ことです。

たとえば、東証に上場しているＥＴＦであれば、日本の株のように日経平均株価や金価格などに連動する円建てのＥＴＦを購入することが可能です。また、ニューヨーク取引所ならNYダウやS&P500に連動する米ドル建てETFを購入可能です。一般的にETFというと、この外貨建ての外国ETFを指します。外国ETFのほうが圧倒的に上場している銘柄が多く、幅広い対象に投資が可能です。

インデックスファンドと酷似しているのは運用コストが低く、また銘柄分散されている点。規模の大きいETFであれば運用コストの信託報酬は0・1〜0・2%程度です。

インデックスファンドとの違いは、**外国の取引所で売買される外国ETFであれば米ドル建てとなり、外国の株式に投資が可能で、売却したときは米ドルで資金が戻ってきます**。一方、インデックスファンドは外国の株式に投資しているファンドでも**円建てなので、売却すると戻ってくるのは円資金です**。

また、取引所で購入するので、株式のように売買手数料は必要になりますが、インターネット証券で取引すれば微々たる金額です。

ここで一つ、疑問が生まれます。ETFとインデックスファンドどちらに投資するのがいいのでしょうか。これは明確な答えはありませんが、投資の目的で使い分けをしていくのがいいと考えています。

私は、**積立投資ならインデックスファンドを、ある程度まとまった資金の投資には外国ETFを活用するのが良いと思います。**

まずは積立投資を考えてみましょう。積立投資は前述のとおりドルコスト平均法で取得単価を平均化して投資できるのがメリットです。その目的には外国ETFより「インデックスファンド」のほうが向いています。なぜかというと円金額で投資金額が指定できるからです。

毎月1万円と円金額で指定をしておくと株価が下がったときにたくさん買えて、上がったときに少なく買うことができます。一方で、**外国ETFは円金額の指定はできず、口数（株数）指定しかできません。**つまり、毎月10口ETFを買い付ける設定をすると株価が上がっても下がっても同じ口数を買い付けることになります。したがって、ドルコスト平均法の観点からはインデックスファンドのほうが向いているのです。

ある程度まとまった資金の運用であれば「外国ETF」が向いている理由は、インデックスファンドより外国ETFの運用規模が圧倒的に大きく運用効率がよいためです。くわえて、外国ETFはさまざまな投資先が存在し、幅広く分散投資が可能だからです。

積立投資はインデックスファンドに、まとまった資金は外国ETFに投資することで効率良く資産形成できます。ちなみに、外国ETFならば、もっとも規模が大きいアメリカのバンガード社が組成しているETFに投資するのがもっとも効率的です。

ETFは株式だけでなく、債券や金、REITなど多種多様な対象に投資が可能です。ETFをフル活用することであらゆる資産に投資し分散効果を得ましょう。

ETFとは超低コストであらゆる対象に投資可能な投資信託のこと。まとまった資金ならETF、積立投資ならインデックスファンドに投資！

28

株式はどこの証券会社を通して投資するのがいいですか？　またその理由を教えてください。

株式は主にインターネット証券を通して投資するのがもっとも投資効率が高い方法です。

株式投資においてインターネット証券がもっとも投資効率が良い理由はひとつ。それは圧倒的な取引手数料の安さです。対面の証券会社で日本の株式を売買した場合、売買代金の０・５％から１％弱の売買手数料が必要になります。しかし、インターネット証券なら取引コストは０・１％以下。株式はどこで投資しても経済効果は変わらないので、検討要素はこの取引コストに尽きます。

インターネット証券のメリットは取引コストが安いこと。一方、デメリットとしては、担当者がいないため、アドバイスをもらえないことでした。しかし、インターネット証券はこの唯一のデメリットを克服したサービスを提供しています。

それはインターネット証券と同じ取引コストで、ＩＦＡ（独立系ファイナンシャルアドバイザー　242ページ参照）という担当者をつける方法です。これにより利用者は安価な取引コストとＩＦＡからのアドバイスを得ることができることになり、一石二鳥です。ＩＦＡは証券会社と比較して経営コストが圧倒的に低いので、こういった安価な取引コストでも成り立ちます。

今後さらに対面証券会社はインターネット証券に追い詰められることになります。


株式はインターネット証券を通して投資するのがもっとも効率的。最近は安価な取引コストのままＩＦＡのアドバイスを受けられる。

29

世古口さんはどんな株式に投資していますか？参考にさせてください。

私はインデックスファンド、外国ＥＴＦ、日本の個別株式に投資しています。

インデックスファンドは日本でもっとも運用コストがリーズナブルなeMAXIS Slimシリーズに積立投資しています。投資先は日本、先進国、新興国の株式です。

外国ＥＴＦはニューヨーク市場に上場しているアメリカのバンガードシリーズのＥＴＦに投資しています。投資先はアメリカをはじめとした先進国や新興国の株式です。

こちらは積立と異なり、株価が大きく下落したときにまとめて投資するようにしています。

日本の個別株式は会社の理念や事業の社会的意義に共感した会社の株式に投資するようにしています。基本的に外国株式の割合が多く、長期投資なので短期的な株価の動きはほとんど見ていません。また、インフレリスクのヘッジのために投資しているので、株価が半分になってもとくに気にしません。

インデックスも個別株式もとくに上がらなくても、あるいは半分になってもいいと思って投資をしていますが、不思議とすべてプラスになっています。**欲を捨てた明鏡止水の境地が株式投資には必要だと考えています。**

インデックスファンド、外国ETF、日本の個別株式に投資しています。割合でいうと外国株式が多めで、個別株式は好きな会社に。

1億円を貯める「株式」セルフチェック

- □ 株式を持つ本当の意味を理解していますか
- □ 過度に個別株式に投資していませんか
- □ 個別株式は好きな会社に投資していますか
- □ 保有している株式はあなたのリスク許容度を超えていませんか
- □ 日本の株式ばかりに投資していませんか
- □ インデックスファンドで積立投資をしていますか
- □ インデックスファンドとETF（上場投資信託）との違いを理解していますか
- □ 自分に合った証券会社を通して株式に投資していますか

第4章

債券編

60代に入ったら老後の生活費用捻出を意識する

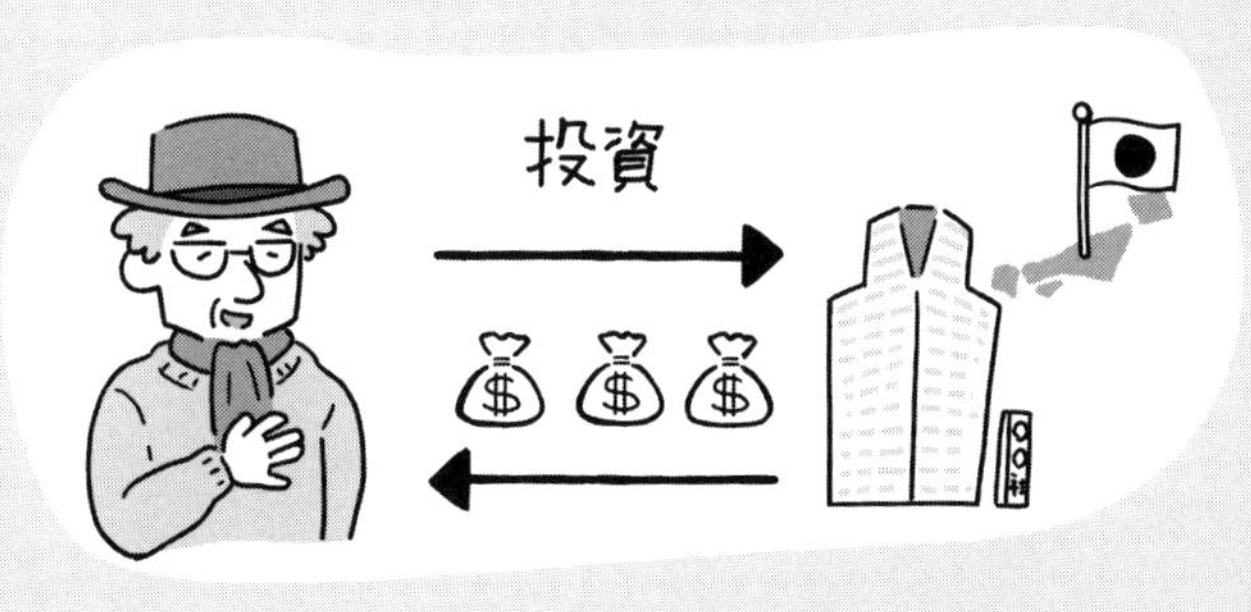

30

債券とはそもそもなんですか？ なぜシニア向きなのでしょうか？

債券とは国や会社にお金を貸している借用証書のようなものです。

債券に投資することは国や会社にお金を貸していることなのです。

会社を例にするとわかりやすいので、会社の株式と債券を比較して考えていきたいと思います。株式への投資は会社の資本を持って株価の上昇や配当金、議決権を持つなどのメリットを得る投資です。一方で、債券はお金の貸し手になることなので年に数％の利息を借り手の会社から得る、つまり、インカムゲイン（定期収入）を得るための投資です。その代わり、債券は株式と異なり価格が大幅に上昇するなど、キャピタ

債券と株式の違いを理解する

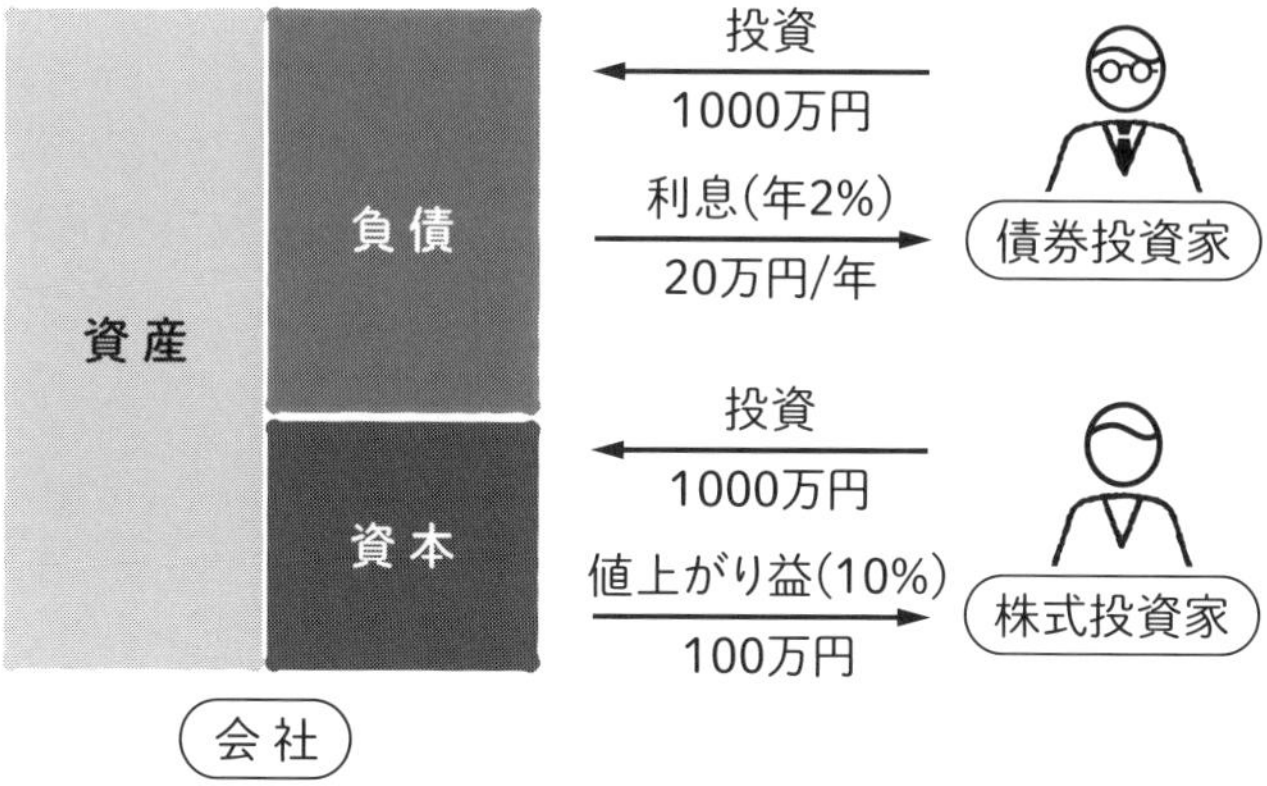

	株式	債券
概要	会社の資本	会社の借用証書
投資目的	キャピタルゲイン（値上がり益）	インカムゲイン（定期収入）
値動き	大きい	小さい
議決権	あり	なし
向いている人	若い世代	シニア世代

債券は安定的にインカムゲインを
得るための金融資産！

ルゲイン（値上がり益）のメリットはほぼありません。

債券はどういう人の投資に向いているのでしょうか。債券は60代以上のシニア世代の投資に向いています。**なぜかというと、シニア世代の投資は安定していないといけないからです。**

60代で会社を退職する方が多いと思います。会社を退職すると給料などの収入がなくなります。この収入がない状態はリスク許容度が低い状態といえます。なぜなら、これから仕事からの収入で資産を増やすことができないため、いまある資産は虎の子のお金であり、これを失うわけにはいかないからです。

つまり、シニア世代はリスク許容度が低いので安定的に資産運用が可能な債券に投資するべきです。いちばん多いケースは仕事を退職してなくなった収入を補填するために債券を保有し、インカムゲイン（定期収入）である債券利息を得るという投資です。この債券利息を生活に充てることで現在の保有資産を減らさずに生活をすることが可能になります。

最近の債券の状況は世界的な低金利のため、円だけでなく米ドルもユーロ、豪ドルなど、その他の先進国通貨も金利を得ることがむずかしくなっています。「金利が下がる」とは「債券投資によるインカムゲイン（利息収入）が減る」ことです。現在の米ドル建て債券で格付けシングルAの会社の普通社債であれば、2021年2月現在の利回りは1〜2％程度でしょう。

新興国通貨（ブラジルレアル、トルコリラ、インドルピーなど）に投資すると、もっと高い金利を得ることも可能です。しかし、新興国通貨は先進国通貨よりも値動きが大きく為替が大幅に下落することもあるので注意が必要です。

ともかく、金利を得るにはむずかしい経済、金利状況にあると言えます。

債券はシニア世代が安定的なインカムゲインを得るための金融ツール。株式のように価格が2倍になることはないが1／2になることも少ない。

31

債券の格付けってなんですか？ 安定性と収益性はどう考えますか？

格付けはその債券の信用力を表しています。

格付けは格付け会社が債券を発行する会社の財務内容や債券の種類などから客観的に分析し付与されます。格付けは格付け会社により表記が少し変わりますが、格付けはAAAがもっとも良く、AA、A、BBB、BB、B、CCC、CC、Cと低くなっています。

一般的にBBB以上が「投資適格」と呼ばれ、機関投資家などの投資対象とみなされています。BB以下は「非投資適格」または「投機的格付け」と呼ばれており、一

格付けで債券投資のリスクを把握する

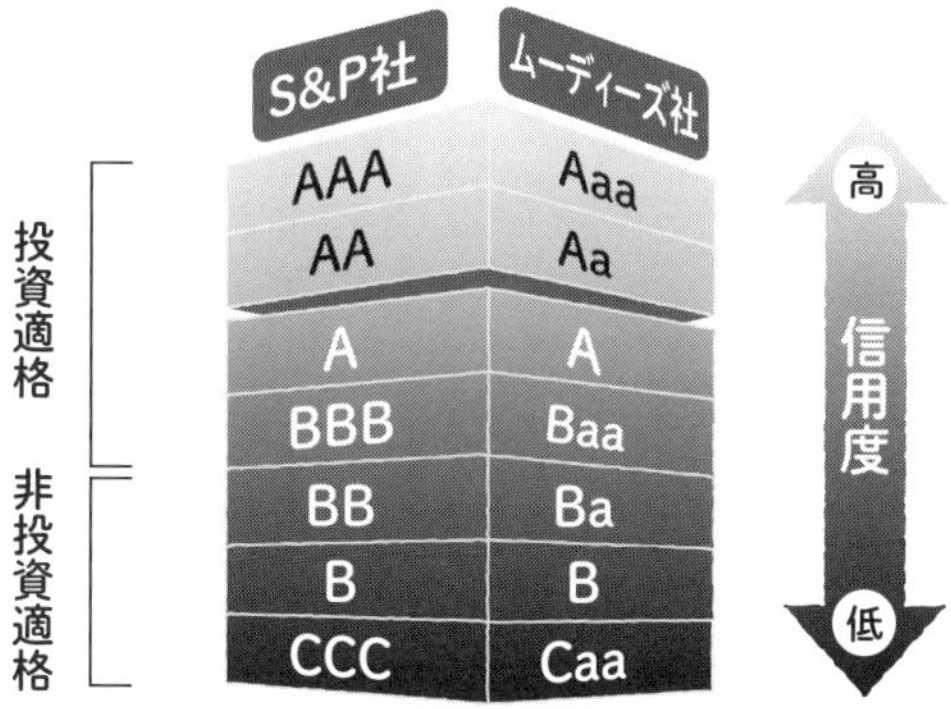

S&P社
ムーディーズ社
AAA
Aaa
AA
Aa
A
A
BBB
Baa
BB
Ba
B
B
CCC
Caa
投資適格
非投資適格
高
信用度
低

リスク 低→高

格付け	例
AAA	スイス、シンガポール
AA	米国、英国、アップル、トヨタ
A	日本、中国、三菱UFJ銀行、ソニー
BBB	インド、フィリピン、イオン、丸紅
BB	ブラジル、ベトナム、ソフトバンクグループ
B	ギリシャ、トルコ、東芝
CCC	アルゼンチン、アストンマーティン、WeWork

格付けBB以下の債券はリスクが高いので
銘柄選定と分散が重要！

般的には投資リスクが高いと言われています。

参考までに、格付けＡＡＡはスイスやシンガポールの国債。ＡＡは米国債やアップル社債。ＢＢはブラジル国債やソフトバンクグループ社債。ＣＣＣはアルゼンチン国債やアストンマーティン社債などになります。

基本的には国債でいうと先進国は格付けが高く、新興国は低い傾向にあります。社債でいうと財務内容が良い大企業は格付けが高く、ベンチャー企業などは格付けが低い。国債も社債も規模が大きく財務内容が良ければ格付けが高くなり、規模が小さく財務内容が悪ければ格付けが低い傾向にあります。

格付け会社のＳ＆Ｐ社が集計したデータによると格付けＡ以上の会社が今後5年間で倒産（デフォルト）する確率は1％にも満たないのです。ＢＢＢ、ＢＢで数％。Ｂ以下になると20％台と高くなります。

また、債券が発行されたときに最初に付与された格付けは発行会社の財務状況によっては変更されることもあります。たとえば、最初の格付けがＡだった会社の業績が悪くなりＢＢＢに変更されることも、逆に良くなることもあります。

格付け会社はアメリカのＳ＆Ｐ社とムーディーズ社が2大大手格付け会社。その次にフィッチ社が有名で、この3社の格付けを重視するのが一般的です。

一方で、日本発の格付け会社もあります。日本格付研究所（JCR）、格付投資情報センター（R&I）などです。日本の会社の債券であれば、こういった日本の格付け会社が格付けを付与することが多いのです。

一般的に**格付けが高い債券は信用力が高いので利回りは低く、格付けが低い債券は逆に利回りは高くなります。**投資の安定性を求めるのであれば高格付債券、利回りを求めるのであれば低格付債券に投資することになります。**格付けを参考にこの安定性と収益性を天秤にかけて自分にはどちらが必要か判断しましょう。**

格付けはその債券の客観的な信用力を表している。
BB以下の投機的格付け債券に投資する場合はしっかり分析しよう。

32

ハイブリッド証券（劣後債）とはなんですか？ 証券会社から提案されています。

ハイブリッド証券とはその名のとおり株式と債券の資産性をハイブリッドさせた投資対象です。別名で劣後債と呼ばれている理由を説明します。

劣後債を発行している会社が倒産したときに会社に残った財産を利害関係者に返していくのですが、最初に返してもらえるのが普通社債（シニア債）を持っている人になります。

そして、それでも財産が残っていると、次に劣後債を持っている人に返します。そしてそれでも財産が残ると最後に株式を持っている人に返します。

ハイブリッド証券のイメージ図

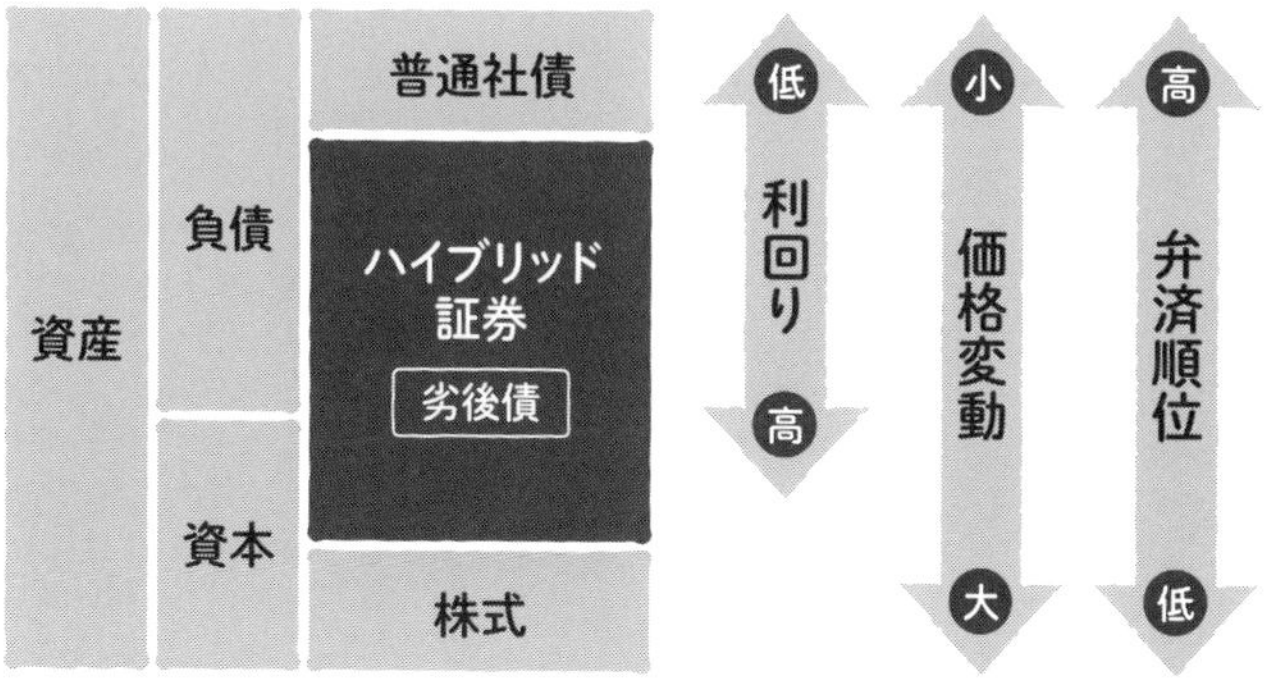

【普通社債】
普通の社債。一般的に社債というと普通社債を指す。

【劣後債】
会社が倒産したとき、普通社債よりお金が返ってくる順番が遅い。
その分、利回りも普通社債より高い。

超低金利の世の中において
金利を生み出す有効な手段！

このように**普通の債券よりも会社が倒産したときの残余財産の返済順位が低い（劣後している）**ために劣後債と呼ばれているのです。

その返済順位が低いかわりに劣後債にはメリットもあります。それは利回りの高さです。**普通社債よりも劣後債のほうが1％以上高い利回りであることが多い**のです。

ものによっては、この世界的な低金利でも利回り5％以上の劣後債も存在しています。私どものお客様でも金融資産で安定的なインカムゲイン（定期収入）を得たいという方は、この劣後債を活用することが多いのです。

劣後債のリスクについても説明しましょう。

主に2つあります。ひとつは前述の**劣後債を発行している会社の倒産リスクです。もうひとつは米ドル建ての劣後債が多いため、為替リスク**が発生します。

まずは倒産リスクをどのように確認すればいいでしょうか。

それは前述の債券格付けのチェックです。ほとんどの劣後債は発行するときにムーディーズ社やS＆P社、フィッチ社など格付け会社から格付けを取得しています。

この格付けを見てその劣後債の倒産リスクを確認しましょう。一般的な基準では格付けがBBB以上の債券は投資適格債と呼ばれ、機関投資家の投資対象になることが多いのです。しかし、劣後債は倒産したときのリスクが普通社債よりも高いため格付けもBB以下のものが多くなっています。

この倒産リスクをヘッジするために大事なことは保有する債券を分散することです。万が一、投資先が破綻しても大事に至らないように可能な限り、投資先の債券を分散しましょう。また、金融機関が発行する債券だけでなく通常の事業会社も加えたりと業種も分散するといいでしょう。

次に為替リスクです。

米ドル建ての劣後債が多いので、劣後債に投資する場合、為替リスクは避けられません。1ドル100円のときに投資したとすると、10円の円高ドル安になったときに10%の為替の評価損が出ることになります。

もちろん逆に10円の円安ドル高になった場合、10%の為替の評価益が発生します。

では、この劣後債の円高リスクをどう考えればいいのでしょうか。

私はこう考えています。たしかに円高になれば評価損は出ますが、毎年数%のインカムゲイン（定期収入）が入ってくるので、長期で保有すれば円高になった分も取り戻すことができます。

仮に為替が1ドル100円のときに年間利回り5%の債券に10年間投資したとします。10年間分の金利で合計50%のリターンがあるので、つまり10年後に1ドル50円以上であればトータルでプラスになっています。

実際に1ドル50円になる可能性は低いと思いますが、**最悪を想定してそれくらい円高になったとしても最終的には利息でカバーされるからかまわないという心持ちでいるのが大事です。**

以上のようなリスクをしっかり理解したうえで劣後債投資を検討しましょう。この世界的な低金利のなかで、数少ないインカムゲインを生み出すことが可能な資産が劣後債です。多くの富裕層はこういった劣後債を駆使して、この低金利下でも充実したインカムゲインを得ています。

よく質問をいただくのが、ご紹介したような個別の劣後債に投資したほうがいいか、劣後債に投資している投資信託（アクティブファンド）に投資したほうがいいのかという質問です。これは結論をいうと個別の劣後債のほうがいいと思います。

劣後債とはいえ現在の低金利下で債券利回りは低下しています。ファンドによりますが、最近私が調べたファンドの中の債券の年利回りが3・8％、信託報酬が年1・8％なのでコストを差し引いた年利回りは2％になります。劣後債のリスクを考えても2％は収益性が低いと思うので、それであれば集中リスクを取り銘柄分散を駆使して、もっと高い利回りを目指したほうがいいでしょう。

ハイブリッド証券は
株式と債券の中間の資産。
この低金利の世の中でインカムゲインを
得るための有効な手段。

33

個別債券はどこの金融機関で投資できますか？ また特徴の違いはありますか？

個別債券は主に対面の証券会社、インターネット証券、ＩＦＡ、外資系プライベートバンクなどの金融機関で投資ができます。

本書では個別債券とは、国や会社が発行する円建て、外貨建ての国債や社債、前述の劣後債と定義します。

まずは**対面証券会社**です。証券会社は会社の債券トレーダーがいるので、機能としては個別債券の販売が可能です。しかし、証券会社としては力を入れていないので、お客様に提案することはあまりありません。提案しない理由は株式と違い、債券になると資産が動かなくなってしまうからです。証券会社では「眠る」と表現します。証券会社としては株式などでもっと活発に売買できたほうが収益性が高いので、あまり提案されることがありません。一方、対面証券会社でもプライベートバンク部門などは個別債券を提案している会社もあるようです。

対面証券会社で販売されることが多いのは日本企業が発行する円建ての社債です。証券会社が債券を発行する会社と、「この債券を投資家に販売して資金を集める」という約束の下に債券が発行され投資家に販売されます。

次に、**インターネット証券**です。インターネット証券でも投資できる個別債券は存在します。しかし投資できる銘柄がそこまで多くなく、前述の劣後債への投資はごく一部に限られます。

次に**IFA（独立系のファイナンシャルアドバイザー）**です。IFAは証券会社をプラットフォームとして、資金は証券会社に預けてもらい、提案はIFAがするという形態です。取り扱う債券の種類は幅広く、私が前職でいた外資系のプライベートバンクと比較しても遜色ないレベルです。

あとプライベートバンクと異なり最低の預かり金額などはない会社が多いようなので、少額での取引も可能のようです。しかし、ＩＦＡは会社や担当者によって運用の方針や知識レベルが玉石混交なので、しっかりした会社を選ぶようにしましょう。


外資系のプライベートバンクでは劣後債も含めて幅広く個別債券の取引が可能です。しかし、**最低の預入資産（口座を維持するために最低でも預けておかなければならない預金などの残高）**が存在します。現在、**多くのプライベートバンクでは基本的に数億円以上の預金などがないと、きちんとしたサービスを受けられなくなっています。**

保有資産が数千万円から数億円の方が個別債券の投資を検討するなら、対面証券会社のプライベートバンク部門か、ＩＦＡがもっとも現実的な選択肢になると思います。

一方で、保有資産が10億円以上ある方であればプライベートバンクを検討してもいいでしょう。

個別債券で「ポートフォリオを組む」のは投資家自身が債券ファンドのように銘柄選定やリスク管理をするため、債券ファンドへの投資より難易度が高いです。そのため、金融機関やアドバイザーの選定において適切なアドバイスをしてもらえるかが重要になります。担当者の債券投資に関する知識や経験を確認することは大切です。

また、個別債券のなかでも仕組債と呼ばれるオプションを組み込んだ複雑なテーラーメード債券を提案する金融機関もいると聞きます。仕組債はお客様にメリットがなく最終的には販売会社だけが儲かる仕組みになっていると私は認識しています。こういった粗悪な債券を提案する証券会社や担当者は選ばないほうがいいでしょう。

主に対面証券会社、インターネット証券、ＩＦＡ、外資系プライベートバンクなどで投資可能。お勧めはＩＦＡかプライベートバンク。

34

日本の個人向け国債に投資するメリットはありますか？　他にも選択肢がありますか？

個人向け国債に投資するメリットはほぼありません。

流動性（換金性）が下がるデメリットを考慮すると、まだ普通預金にしておいたほうがいいです。

現在のマイナス金利では個人向け国債の最低保証の年利回りは０・０５％です。この程度の金利を得るために個別債券のリスクを取るメリットがあるでしょうか。個人向け国債は中途換金も可能なものの、中途換金できない期間も存在し流動性は下がります。

０・０５％の利回りを得るために、この流動性を殺してしまうのがもったいないのです。２０２０年３月、４月はコロナショックにより、さまざまなリスク資産がバーゲンセールで大安売りをしていました。そのチャンスを見逃すのがもったいないのです。

私自身もお客様も、その時期に投資したリスク資産はすべて大幅に上昇しており、投資対象によっては2倍、３倍になっています。相場を読むのは資産運用の本質ではありませんが、**「ここぞ」というときに投資できる余力を残しておくのは資産運用の定石です。**個人向け国債にするくらいなら普通預金で流動性を担保しておきましょう。人生に何度かやってくる投資機会があるかもしれません。

個人向け国債に投資する意味はほぼない。流動性が下がるのでまだ普通預金のほうがいい。国債はやめて流動性を確保しよう。

35

この超低金利の世の中で年利回り5%で債券運用することは可能ですか?

現在の低金利でも年利回り５％で債券運用することは可能です。

ただし、５％で運用するためには前述の**ハイブリッド証券**（**１２８ページ参照**）**や低格付け債券を利用することが条件**です。低格付け債券とは債券格付けがＢＢ以下の債券を指します。低格付けであればあるほど利回りが高くなるので、こういった債券を資産配分に組み込めば利回り５％は達成可能です。

工夫は必要になりますが、現在の金利状況を考慮して合計の債券年利回り４％から５％を目指すのは妥当な目標だと考えています。

あとは市況環境を利用して高い利回りを得るという方法もあります。2020年3月、4月はコロナショックで、リスク資産である債券も価格が下落しました。価格が下落すると利回りは上昇します。2021年1月現在の利回り3％が、2020年3月は倍の6％という債券も存在しました。

この市況環境を読む方法はむずかしくもあります。コロナショックのようなときに投資することは「落ちてくるナイフをつかむ」（60ページ参照）ようなものなので、債券といえども、そういうときは二の足を踏むものです。あとはもう金利が上がらないということもありえます。そのときは待っている期間が機会損失となってしまいます。

現在の超低金利でも工夫すれば年利回り5％での債券運用は可能。タイミングを待つ方法もあるが機会損失のリスクあり。

36

債券もインデックスファンドがいいですか? 他の方法もありますか?

債券は投資目的と保有資産額にもよりますが、**インデックスファンドではなく個別債券への投資がいいと思います。**

株式だけではなく債券に投資しているインデックスファンドも存在します。そのファンドに投資すれば幅広い債券に投資できるのでリスクを分散した形で債券投資が可能です。これだけ聞けばインデックスファンドへの投資は効果的に感じます。

しかし、**債券のインデックスファンドは実は収益性が低い**のです。私が最近分析し

個別債券とインデックスファンドの比較

	個別債券	インデックスファンド（債券型）
取引コスト	かかる（金融機関による）	かからない
維持コスト	かからない	ほぼかからない
キャッシュフロー	あり（利息収入）	なし（複利運用）
金利の影響	あり（満期まで保有すれば影響なし）	あり
集中リスク	あり	なし
積立投資	不可能	可能

個別債券とインデックスファンドは
それぞれ特徴が異なる！

インカムゲイン（定期収入）を実際に受け取りたい方は個別債券に投資!!

インカムゲインが不要で複利運用したい方はインデックスファンド（債券型）に投資しよう!!

たインデックスファンドの外国債券シリーズはファンドの中の債券の年利回りは0・3％で、信託報酬は0・15％なのでコストを差し引いた年利回りは0・15％とかなり低いです。

債券への投資は利回りを得るために投資します。この収益性であれば、投資するメリットがほぼないので、投資しないほうがいいという結論になります。

一方で個別企業が発行する米ドル建て社債なら年利回り1～3％、前述のハイブリッド証券であれば5％の利回りを得ることも可能です。収益性の観点からインデックスファンドより、個別債券の投資のほうが経済合理性が高いことになります。

あとは**債券のインデックスファンドは利息収入を複利運用しているので手元に入るキャッシュフローはありません。一方で個別の債券であれば利息収入が手元に残るキャッシュフローとなります。**

したがって会社を引退し、給与の代わりになるキャッシュフローを得たいという方はインデックスファンドではなく個別の債券に投資するのがいいでしょう。

ただ、個別債券にもデメリットがあります。集中リスクです。**最低の投資単位が5万米ドル（500万円）以上となることが多いので、ひとつの債券に資産配分がかたよるリスクがあります。**

保有資産が数億円あれば比較的に幅広く分散して投資できますが、保有資産が少ない場合は注意が必要になります。保有資産が多ければアドバイザーにどういった債券にどれくらい分散して投資すればいいかを相談しましょう。

なお、個別債券への投資は投資単位が少し大きいのでリスク分散の観点から少なくとも保有資産が数千万円以上の方が検討するのがいいでしょう。

債券はインデックスファンドではなく
個別債券に投資しよう。
資産が特定の銘柄にかたよらないように
分散の必要あり。

37

仕組債に投資したほうがいいでしょうか？証券会社から提案されています。

仕組債には投資しないほうがいいです。

仕組債はどういう状況だったとしても、言葉は悪いのですが、投資する価値がない金融商品だと私は認識しています。仕組債は証券会社が業績を維持するために開発したドル箱金融商品です。ドル箱というのはお客様にとってではありません。証券会社にとってドル箱なだけです。

まずは仕組債の商品性を説明します。仕組債のなかでも、とくにリスクが高くて証券会社の収益性が高いので、よく販売されているEB債（他社株転換社債）についてご紹介します。

EB債とは普通の債券に特別な金融取引の仕組みを使って、通常ではむずかしい高金利を生み出している債券です。

「特別な仕組み」とは、ざっくり言えば債券は本来元本保証されている金融商品ですが、株式の下落リスクを取る代わりに高い利回りを発生させています。

金利は、下落リスクを取る株式の値動きの激しさで決まるため、激しい株式であればあるほど金利は高くなります。たとえば、国内の時価総額数兆円以上の大手企業であれば金利が年利で5％、マザーズのベンチャー企業なら10％、さらにアメリカの値動き激しい銘柄だと20％といった具合です。

さらにここに数銘柄の株式を組み合わせて、より高い金利を目指すという仕組債もあり、これだと年利数十％の仕組債も組成が可能です。

次に、仕組債には2つの価格が設定されます。ひとつは「**ノックイン価格**」、もうひとつは「**ノックアウト価格**」です。

ノックイン価格とは「**この価格より株価が下落したら、値下がった株式そのもので債券に投資したお金を返します**」という価格。ノックアウト価格とは「**ある時点でこ**

の水準まで株価が上昇したら債券に投資したお金をそのまま現金で返します」という価格です。仕組債は高い金利を得られますが、ノックインした場合に元本が損失するリスクがある金融商品です。

この仕組債が悪魔的な理由はノックアウトにあります。だいたい買った株の当初の価格から5%上がるとノックアウトします(投資元本が返ってきます)。

仕組債がノックアウトすると証券会社の担当者から嬉々として「おめでとうございます。仕組債がノックアウトしました!」と連絡があります。続けて「次はこの銘柄で仕組債を組みましょう!」と提案があります。

そして、**ノックアウトするたびに仕組債への投資を続けると最後にはノックイン価格まで下がってしまい、損をしてしまいます。**仕組債は流動性が低く売却すると過度に不利な価格になるので、この状態になると何もできなくなります。この状態を「しこる」と言いますが、仕組債を続けると、この「しこった」状態にいずれなることがほとんどです。

証券会社の担当者はこんなに低いから「ノックインはしない」と言いますが、ノックインする可能性があるからその仕組債は組成が可能なのです。

証券会社が仕組債を販売したいのは、一度の販売で手数料が5％くらいもらえて、しかもノックアウトするたびにまた販売できる。1億円を仕組債に投資して2カ月に一度ノックアウトして再販売すれば1年間で6回、３０００万円の利益になります。仕組債に投資する価値がなく、証券会社にとって悪魔的に儲かる理由をご理解いただけたでしょうか。

証券会社も仕組債が長期的にうまくいくと本心では思っていません。命と家族の次に大事なお金で粗悪な金融商品に投資するのは避けましょう。

仕組債は投資する価値なし！
ノックアウトの中毒性に要注意！
提案されたら証券会社の担当者との付き合い方を見直しましょう。

38

証券会社のファンドラップに投資しています。債券のファンドの割合が多いのですが。

ファンドラップを通した債券への投資は非効率なのでやめましょう。

まず、証券会社が扱うファンドラップの仕組みを説明します。ファンドラップとは、**お客様が希望の運用ニーズを伝えると、それに応じた株式や債券のバランスで投資信託に投資する商品**です。株式や債券のバランスを変えたほうがいいと考えたら、証券会社の判断で投資信託を売買して株式や債券のバランスを自動的に調整してくれます。

次にコスト構造をご説明します。このファンドラップという商品と投資先の投資信託に**二重にコストが継続的に発生しています**。だいたいファンドラップに年間1～1・

5％、投資信託に0・5～1％の年間合計1・5～2・5％の維持コストがかかっているファンドラップが多いように感じます。

今の超低金利下で投資先の投資信託の債券の金利が低い水準になっており、ファンドラップの手数料以上の利回りを生み出せなくなっています。先日拝見したお客様のファンドラップはラップと投資信託の年間の信託報酬が1・3％で、投資信託の債券の利回りが0・1％ということがありました。つまり、年間の利回りマイナス1・2％ということになります。

マイナス金利とはお金を払って預けていることなので非効率きわまりないです。

マイナス金利のファンドラップでの債券投資なら、お金をラップに包んでおいたほうが減らない分マシ。

39

世古口さんはどんな債券に投資していますか？
気をつけていることはありますか？

私自身は米ドル建て個別債券に投資しています。

それは具体的には海外の金融機関や事業会社が発行している債券格付けA～Bの社債です。年利回りは4～6％のものが多いです。利回りを高めるため債券ポートフォリオに前述のハイブリッド証券（劣後債）も含まれています。

元本償還までの期間は数年くらいのものが多いです。償還期限を短くしているのには理由があり、現在の金利が極端に低い状態にあると考えているからです。数年後に金利が高い状態になっていれば、債券が償還したときに高い利回りの債券に再投資することができます。

運用状況として２０２０年株式は激しく価格が動きました。一方で債券は値動きが大きくなく安定的に運用ができています。自分の年齢が増してリスク許容度が下がったりインカムゲイン収入が必要になるのに応じて、**同様の個別債券を増やしていこう**と思います。

私はＩＦＡ経由で個別債券を購入しています。債券自体はネット証券で預かっており、債券の発注はＩＦＡに依頼しています。

私は米ドル建てハイブリッド証券（劣後債）に投資しています。
債券運用の目標利回りは５％程度で銘柄を分散することに気をつけています。

1億円を貯める「債券」セルフチェック

- □ 債券と株式との違いを理解していますか
- □ 自分が持っている債券の格付けを知っていますか
- □ ハイブリッド証券の仕組みを理解していますか
- □ 自分に合った証券会社を通して債券に投資していますか
- □ 日本の個人向け国債に投資していませんか
- □「超低金利なので年利回り5％以上では債券運用できない」とあきらめていませんか？
- □ 個別債券と債券型インデックスファンドとの違いを理解していますか
- □ 仕組債に投資していませんか
- □ ファンドラップの中で債券に投資していませんか

第5章

不動産編

実物資産の代表。
できるだけ若いころから手がけたい

40

金融資産と実物資産への投資はなにが違うのでしょうか？　具体的に教えてください。

金融資産と実物資産は資産性が全く異なります。

どちらがいいということではなく、自分にはどちらが必要なのかという観点で選んでいきましょう。

まず、取引コストが異なります。金融資産と比較すると実物資産の取引コストは高いのです。なお、株式に投資するときの取引コストは対面証券なら1％程度、インターネット証券なら0・1％程度でしょう。さらにインデックスファンドであれば販売手数料はゼロです。

一方で、不動産に投資した場合は売買仲介の場合は物件金額に対して3％＋6万円が販売手数料です。不動産会社が仕入れて販売する場合は仕入価格に10～20％程度の利益を上乗せして投資家に販売しているので、不動産の取引コストは3～20％ということになります。**いかに金融と比較して実物の取引コストが高いかが分かります。**

次に流動性です。**実物資産は金融資産と比較すると流動性が低いのです。**投資対象にもよりますが金融資産は売却して1週間程度では現金にすることができます。一方で不動産などの実物資産は買い手が見つからないと売ることができないので、1カ月から数カ月かかることもあります。

無理に早く売ろうとすると足元を見られて相場より安く買い叩かれることもあります。そのため、実物資産に投資する場合は流動性が低いことを考慮して、キャッシュにすぐ戻す必要がない余裕資金で取り組むことが大事です。

次に**ボラティリティ（値動きの激しさ）**です。**実物資産は金融資産ほど値動きが激しくありません。**実物の不動産と不動産を金融商品仕立てにした不動産ＲＥＩＴを比較すると分かりやすいでしょう。2020年の3月、4月はコロナショックの経済や不動産に与える悪影響が懸念されて、不動産REITの指数は直近の高値から半分に価格が下落しました。

では、実物不動産も半分の価格になったのかというと、そんなことはありませんでした。実物の不動産価格は物件の種類によりますがレジデンス（住居）系は10％も下がりませんでした。つまり、実物不動産は不動産REITほどたくさん投げ売りされなかったことになります。これが実物資産は金融資産よりも値動きが激しくないことを顕著に表しています。

次に借入です。金融資産は基本的に手元資金で投資する必要があります。一方で実物資産の軸である不動産などは借入で投資することが多いのです。銀行借入（他人資本）を使って投資することで投資効率を向上させることができます。この借入によって投資効率を上げることを「レバレッジ」と言います。**金融資産よりも実物資産のほうがレバレッジ効果が大きいのです。**

金融資産、実物資産を比較すると…

	金融資産	実物資産
取引コスト	低い	高い
流動性	高い	低い
ボラティリティ（値動き）	大きい	小さい
借入	現金が基本	フルローンも可能
市場の「歪み」	小さい	大きい
相続対策	原則は不可能	可能

金融と実物への投資は全く意味が異なる！
特徴を正確に理解して
自分の状況に合った資産を選ぼう!!

次に市場の歪みです。金融資産に市場の歪みはほとんどありません。なぜならマーケット参加者が大量におり、秒単位の売買で価格が決定されているため、歪みがあればすぐに修正される効率的な世界だからです。仮に歪みがあったとしてもヘッジファンドや金融機関などのプロ投資家でなければ、歪みを利用して利益を得ることはむずかしいでしょう。

一方で**実物資産には歪みが多いのです**。なぜかというと、株式のように取引所があり効率的に売り買いされているわけではなく、売り手が買い手を不動産会社に依頼して探してもらう相対取引のためです。また、実物資産の場合には売却する人の個別の事情が大きく価格に影響を与えます。たとえば、不動産を相続したが相続税の納税のために売却したいのであれば価格が安くても売却したいと思うでしょう。

最後に相続対策です。**金融資産ではむずかしいのですが、実物資産は相続対策になります**。金融資産では相続税評価は時価評価になります。時価1億円の預金や株式は1億円で評価されます。一方で時価1億円の国内不動産は都内であれば相続税評価は7000万円ほど下がり3000万円となります。つまりその分、相続税を圧縮することが可能です。

　金融資産と実物資産の違いを分かっていただけたでしょうか。お伝えしているとおり、どちらがいいというわけではなく、いま、自分にどちらが必要かという観点で選ぶのが正しいと思います。**流動性を保ちつつ数年で運用したいなら金融資産、借入を活用したり相続対策をしたいなら実物資産を、**という具合です。金融資産への投資は証券会社の口座があればすぐに行うことができます。一方で実物資産は流動性が低く、歪みがあり、投資家の好みも顕著に出るので時間がかかることが多い。金融資産と実物資産を有機的に組み合わせて計画的に資産形成を進めていきましょう。

金融資産と実物資産は全く別物。
どちらが絶対にいいということではない。
自分にはどちらが必要かを
客観的に分析し検討する。

41

そもそもなんのために不動産に投資するのでしょうか？　どんな特徴があるのですか？

不動産への投資目的は主に7つあります。（次ページ参照）

不動産への投資は、この7つの投資目的から構成されていることがほとんどです。すべてではなくどれか1つのこともあれば、複合的にインカムゲインとインフレリスクのヘッジ、レバレッジ効果の3つが均等など、複数の場合が大半です。

簡単に一つずつ紹介していきます。不動産投資は借入で賃貸マンションに投資するという前提をイメージしてください。

不動産投資目的7カ条

- □ 資産形成効果
- □ インフレ(物価上昇)リスクのヘッジ
- □ キャピタルゲイン(値上がり益)
- □ インカムゲイン(定期収入)
- □ レバレッジ効果(借入による投資効率上昇)
- □ タックスコントロール(税金の最適化)
- □ デスベネフィット(死亡保障)

自分が何の目的で不動産に投資するのかを
しっかり理解しよう!

投資目的はどれか1つではなく複数の場合が多い!

たとえば
・資産形成効果:40%
・インカムゲイン:20%
・レバレッジ効果:20%
・デスベネフィット:20%
など悩みどころではある

① 資産形成効果

不動産（マンションなど）への投資では最終的に建物部分は劣化しますが、土地部分だけは残ります。**借入を返済したあとに土地部分だけは残る**と考えればシンプルに資産形成効果があります。

② インフレ（物価上昇）リスクのヘッジ

インフレになると生活物価が上昇し生活に必要な資金も増えます。インフレになると不動産は2つの福音をもたらします。**ひとつは不動産価格が上昇する。もうひとつは家賃が上昇すること。**この2つの福音により世の中がインフレになってもメリットを得ることができます。

③ キャピタルゲイン（値上がり益）

②のインフレ、あるいは投資した不動産の地域によっては賃貸需要の高まりで不動産価格が上昇することがあります。**そんなときに取得価格より高く不動産を売却すればキャピタルゲインを得ることができます。**

実際にアベノミクス前の2012年以前に都内の不動産に投資していた物件は2021年現在、売却すれば10％以上のキャピタルゲインを得ることが可能かと思います。

④インカムゲイン（定期収入）

これは毎月入ってくる賃料収入のことです。借入の返済に充てられるのでキャッシュフローベースで大幅にプラスになることはないと思いますが、**借入の元本返済が進んでいる分は自分の資産が増えていますのでインカムゲイン効果は表れています。**

借入返済後のキャッシュフローが必要であれば投資のときの頭金を多くしたり、借入の元本返済を早めるという施策を検討してもいいと思います。

⑤レバレッジ効果（借入による投資効率向上）

前述のとおり借入で投資できるのが実物資産である不動産投資の特徴です。**銀行借入（他人資本）で投資を行い、賃料収入（他人支出）で借入を返済します。**借入で資産全体をふくらませてレバレッジ比率と投資効率を上昇させましょう。

⑥タックスコントロール（税金の最適化）

税金とは主に所得税と相続税を指します。**この所得税と相続税をコントロールできるのは不動産を含めた実物資産だけです。そのなかでも不動産は高い効果が見込める投資対象です。**とくに最近は税金のなかでも相続税の圧縮に活用されることがとりわけ多いのです。

⑦デスベネフィット（死亡保障）

一般的な不動産投資の銀行借入には団体信用生命保険（団信）という保険が付きます。この保険に入っておけば万が一、借入人が亡くなると銀行借入が帳消しになり借入がなくなります。それによって遺族に借入を残さずに不動産という資産を承継することができます。

借入がなくなった不動産を相続した遺族はその不動産からの賃料収入を得ることで生活費に充てることができます。この**不動産投資の借入に団信を付けることで生命保険に入る必要がなくなり、その保険料を投資に回すことでより効率的に資産形成が可能になります。**

不動産投資の投資目的7カ条をご理解いただけたでしょうか。これらのすべてが目的の人はいないでしょうが、どれか複数の組み合わせになることが多いのです。

一般的に申し上げて、年齢が若い人は資産形成やキャピタルゲイン、レバレッジ効果、死亡保障が目的になり、シニア世代ではインカムゲインやインフレリスクのヘッジになることが多いのです。また、保有資産が多いとタックス（相続税）コントロールの目的が大きくなると思います。不動産投資は大きな買い物になります。自分にどんなメリットがあるのかを理解したうえで投資を検討しましょう。

不動産投資の目的はインフレリスクのヘッジ、インカムゲインなど、さまざま。自分が何のために不動産投資するのか目的を明確にする。

42

不動産投資はどういう仕組みなのですか？正直、まだよく理解ができていません。

話はシンプルです。不動産投資は他人資本（銀行借入）で投資し、他人支出（家賃）で返済し、最後は返済のない家賃収入と土地部分を手に入れる仕組みです。

分かりやすい都内区分マンション投資の実際の投資事例を見て理解していきましょう。

物件概要の不動産に投資するとしましょう（次ページ参照）。都内好立地の区分マンションです。毎月の家賃収入8万5000円から管理費1万2000円と修繕費9000円を差し引いた6万4000円が投資家の通帳に入金されます。そこから借

投資物件の物件概要の見方

物件種類：区分マンション
住　　所：東京都新宿区
広　　さ：22m²
築 年 数：11年
物件金額：2000万円
（土地：1400万円　建物：600万円）
家賃収入：8万5000円/月
管理費合計：1万2000円
修繕積立金：9000円 （マンションの修繕に備えてあらかじめ積み立てる資金）
表面利回り：5.1% （家賃÷物件金額）
借入金額：1800万円（頭金200万円）
借入金利：1.5%
借入期間：35年間
借入返済：5万5000円/月
毎月収支：+9000円/月 （家賃収入−管理費合計−修繕積立金−借入返済）

物件は賃貸需要が高い駅から
徒歩数分の好立地の区分マンション
家賃から管理費、修繕積立金、借入返済したあとの
毎月残る手取り収入は9000円となる

不動産投資の仕組み

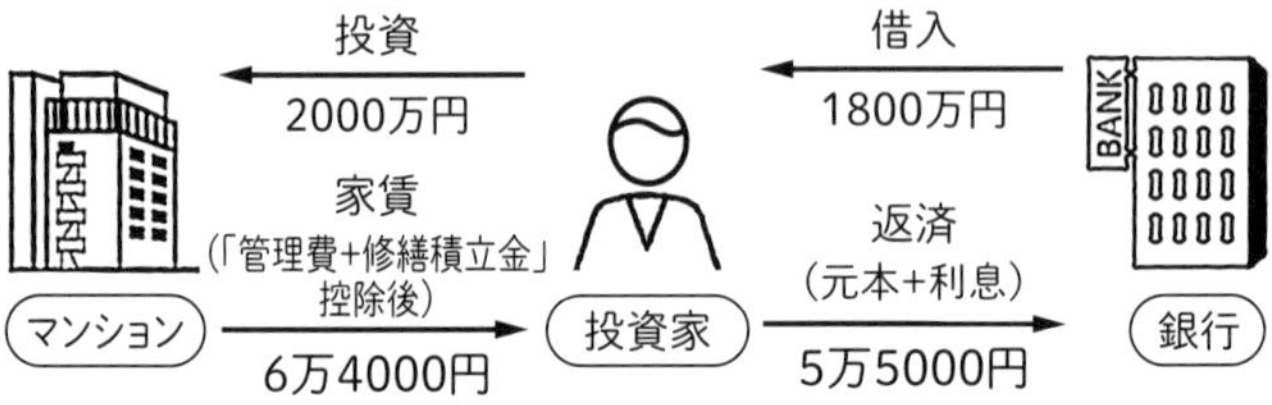

35年間の返済計画　総返済額：2314万円
元本返済：1800万円
利 息 分：514万円

不動産投資は家賃収入による借入元本の返済がポイント！

入をしている銀行に５万５０００円を返済します。

返済後に９０００円が残りますが、これは使わずに残しておきます。**なぜなら、今後建物が劣化して修繕が必要だったり、空室になるときがくるので、そのときのまとまった支出に備えて多少資金を残しておいたほうがいいからです。**

ここで「毎月９０００円しか残らずそれも修繕費に使うなら、なんのための投資なんですか？」とよく質問をいただきます。それはキャッシュフロー（収支）のことだけを考えるから、そう思うのです。

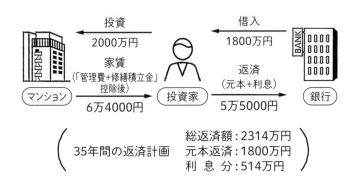

不動産投資のメリット

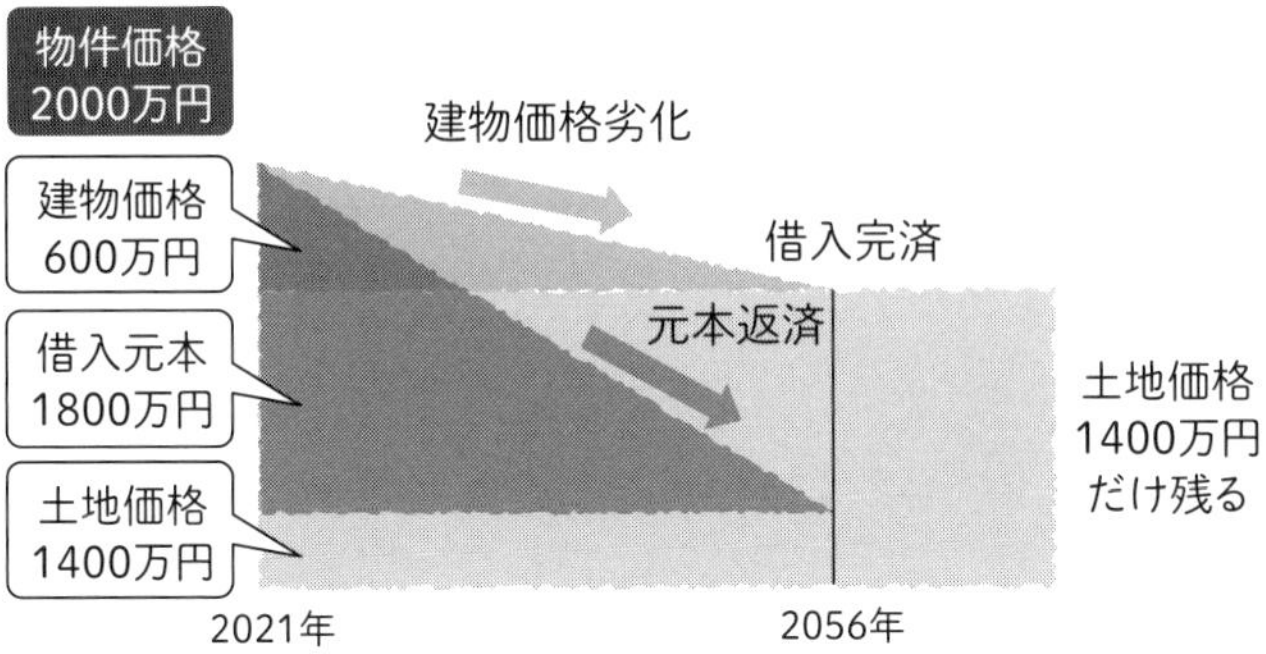
物件価格
2000万円
建物価格劣化
建物価格
600万円
借入完済
元本返済
借入元本
1800万円
土地価格
1400万円
だけ残る
土地価格
1400万円
2021年
2056年

最後は借入元本がなくなり土地部分が自分のものになる!

本当の不動産投資のメリットは2つあります。ひとつは家賃収入で元本返済をすることで最終的に借入がなくなり、返済が終わったら**家賃収入をそのまま得ることができる**こと。もうひとつは不動産の中の建物部分は劣化して価値がなくなるものの、**土地部分の価値は残る**ことです。

上の図表を見てみましょう。2021年に投資したとして借入期間35年だとすると2056年に借入を完済することになります。そのため2056年以降は借入返済の必要がないため6万4000円(家賃が下がらない前提)の家賃収入を返済なしで得ることができます。

また時間の経過に伴って建物価格600万円も価値を失います。一方で、土地は劣化しないので土地の価値1400万円は残るわけです。つまり理屈だけを言えば、この不動産を売却すれば1400万円で売却できる可能性が高いのです。

これが不動産投資の基本的な仕組みです。不動産の物件種類はたくさんありますが仕組みはほとんど同じです。今回は1物件の不動産投資を例にとりましたが、**借入を返済していくごとに、銀行は「この人は収入や純資産のわりに借入が少ない」と与信判断が良くなり、さらに不動産投資の融資をしてくれます。**こうやって収益不動産を増やしていくのが不動産投資の王道パターンです。

今回、例にとったのは区分マンションでしたが、**保有資産がたくさんある富裕層なら1棟マンションを検討してもいいと思います。**富裕層になると区分マンションだと資産全体に与える影響が小さく、たくさんの物件に投資しないといけないため、逆に手間と時間を取られてしまうからです。

不動産投資は若い頃から始めたほうがいいでしょう。なぜなら、不動産投資の効果は借入元本返済に時間がかかるからです。「20代、30代と若くして不動産投資を始めて、現役を引退するときには、もう借入がなく、家賃収入をそのまま受け取れて現役時代の収入の代わりに充てる」のが、もっともいい形かと思います。

日本には「借金は悪」という考え方があります。しかし、会社を見てみれば分かるように借金なしで成り立つ会社はほとんどありません。成長や資金繰りのために借金は不可欠なのです。ギャンブルのために消費者金融で借りる「悪い借金」は困りますが、資産を形成するための「良い借金」は検討する価値があるのではないでしょうか。

他人資本（銀行借入）で投資し、他人支出（家賃）で返済し、最後は返済のない家賃収入と土地部分を手に入れる仕組みの投資。

43

どんな物件に投資するのがいいですか？不動産投資初心者です。

次の条件にすべて該当している物件を選ぶのがいいでしょう。

□①都内区分RC造（鉄筋コンクリート造）
□②中古マンション（築10年から20年程度）
□③「賃貸需要が高い駅」から徒歩10分以内の好立地
□④表面利回り（家賃÷物件金額）5％以上
□⑤家賃8万円から10万円程度くらいまでの1R、1K

①都内区分RC造（鉄筋コンクリート造）

まず「なぜ都内の物件がいいか」というと、もっとも人口が増えているのが東京都内だからです。当然、人口が増える地域は賃貸需要が高く家賃が上昇する（もしくは下がらない）ことになります。都内の物件は投資としてかたい。次に「区分マンション」なのは1棟だと金額が大きすぎるので予算的にちょうどいい金額で購入できる人も多く、いざというときに売却できる（流動性が高い）という利点があるからです。

②中古マンション（築10年から20年程度）

新築物件には広告費や販売者の人件費などの新築プレミアム（新築で特別に価格が高くなっている状態）がたっぷり乗っており割高になります。一方で、価格が落ち着いてくる築10年から20年くらいの物件に投資するのが価格としてもリーズナブルで収益性が高い投資になります。ただ、古くなりすぎるとローンの借入期間が短くなるので注意が必要です。

③「賃貸需要が高い駅」から徒歩10分以内の好立地

賃貸需要が高い物件であれば当然、空室や家賃と価格の下落リスクを避けることができます。駅にもよりますが、徒歩10分をひとつの基準にしていいでしょう。

④表面利回り5％以上

建物の経年劣化とともに家賃は下落していくため、ある程度収益性（利回り）が高くないと借入返済したあとのキャッシュフローがきつくなってきます。家賃下落によってキャッシュフローがマイナスになってしまい、こんな予定ではなかったという方をたくさん知っています。ほぼ確実に家賃は下落しますので最初からある程度の利回りが確保できている物件を選定し、余裕を持っておいたほうがいいでしょう。

⑤家賃8万円から10万円程度くらいまでの1R、1K

1R、1Kがおススメなのは東京でもっとも増えているのが単身者というのが、その理由のひとつです。さらにこの家賃帯の物件が良い理由はこの家賃を支払える人は大企業に勤めている20代、30代の単身者が多いからです。そういった方たちは、一般的には会社から雇用を守られているので家賃滞納のリスクが低いと考えられます。場合によっては会社が物件を借り上げてくれることもあります。

この家賃滞納リスクが顕著になったのはコロナ禍の2020年。家賃帯が5万円前後のアパート物件は滞納がかなり発生していました。私たちのお客様でもそういったアパートを保有している方は対応に追われていました。一方で、家賃が8万円から

10万円程度の物件では滞納はほとんど発生しなかったのです。

投資初心者向きの不動産の条件を理解いただけましたでしょうか。私が重視しているのは投資が成功する再現性です。なお、これで物件がさらに古くなったり、地方になったり、オフィスや商業施設になると投資の難易度が上昇します。そういった投資は玄人や不動産会社のようなプロならいいのですが素人には向いていません。

不動産投資の初心者は賃貸需要が高く、空室になりづらく、家賃が下落しづらい、投資難易度が低い都内の区分マンションを検討しましょう。


初心者は都内区分ＲＣ造、中古、駅徒歩10分以内、表面利回り５％以上、家賃８万円から10万円程度の１Ｒ、１Ｋの物件を選ぼう。

44

不動産投資のリスクはなんですか？その対策を教えてください。

不動産投資の主なリスクは「空室」「家賃下落」「修繕」の3つです。

他にもリスクはありますが、まずはこの3つのリスクを検証することを優先しましょう。

よく「投資した物件で自殺が起きたら」と聞かれることがありますが、その確率はものすごく低いです。確率が低いのであれば検証の優先順位を下げるべきです。それより空室、家賃下落、修繕は、不動産投資をしている以上確実に起こるので、優先順位は当然高くします。

まずは**「空室リスク」**です。空室になると1カ月分の家賃がそのまま入ってこないのに借入の返済が必要になるため、キャッシュフロー（収支）に与える影響が大きいです。東京都心マンションの空室率は13％程度です（2020年9月現在）。

読者の方は、かなり高いと思われると思います。しかし、この数字はありとあらゆるマンションが計算に入っているので高くなっています。都心にもボロボロで修繕されていない不動産はたくさんあります。そのため、そこは差し引いて考える必要があります。

おススメしたいのは、**不動産管理会社は自社が管理している部屋の平均空室率のデータを保有しているはずですので、聞いてみるのが良いでしょう。**私がマンションの管理をお願いしている不動産会社の物件空室率は3％です。つまり100物件中3物件になります。つまり、同社が管理している物件は逆算すると33カ月に1カ月くらいは空室になると想定できるわけです。それくらいは空室になると思って投資シミュレーションをしましょう。

次に**「家賃下落リスク」**です。経年劣化に伴い家賃は下落します。当然、新築と築

10年では新築に住みたい方のほうが多いので築10年の物件の家賃は下落します。つまり、家賃が下落する前提でシミュレーションを組む必要があるのです。

では家賃は何%下がると想定するのか。家賃下落率は投資する物件の地域にもよりますが、私は、**都心マンションは新築から20年間は毎年0・7%、そして21年目以降は毎年0・35%、家賃が下落すると想定しています。**

なぜ20年目を境に下落率を下げているかというと過去のデータから家賃下落には「下方硬直性」という時間が経てば経つほど家賃が下がらなくなる現象があるからです。少し考えれば分かると思います。借り手にとって新築と築10年は印象がずいぶん違いますが、築20年と30年はそこまで変わらないからです。築30年と40年であれば、よりそうなります。これが家賃下落の下方硬直性です。

最後に「**修繕**」について考えてみます。

修繕はマンションの管理組合が大規模な修繕に備えて修繕積立金を毎月積み立てていますが、これだけでは足りないことが多いのです。その理由は見積もりが甘いのもあるかもしれませんが、最近の事情だとアベノミクスで人件費や建材費用が上がって修繕コストが上がったこともあります。

外壁タイルの補修、給排水管の修繕・取り換え、外壁防水工事、エレベーターの修繕などを行った大規模修繕で、**費用がかかりすぎて修繕積立金が足りない場合はマンションオーナーに請求される場合があります。**いつどのタイミングでどのくらいの費用が必要になるのかは読めないので、常に物件価格の5～10％程度は余裕資金を準備しておいたほうがいいでしょう。

おそらく不動産は人生でいちばん大きな買い物になると思います。しっかりリスク点検とシミュレーションを行い、投資判断をしましょう。

不動産投資の主なリスクは「空室」「家賃下落」「修繕」の3つ。すべてのリスクを想定したうえで投資判断を行おう。

45

不動産投資の借入はどのように行うのがよいですか？　なにに気をつけたらいいですか？

不動産投資の借入は大きく分けて「提携ローン」と「プロパーローン」、この2つです。自分に合っている借入方法を選択しましょう。

まず**提携ローンとは、不動産を販売している不動産会社と提携している銀行がつくったパッケージのローン商品**です。提携ローンがいいところは**手間いらずで、融資実行も早い**ことです。なぜそんなに手間がいらないかというと、あらかじめ銀行が「年収が500万円以上で年齢何歳まで金利はこれくらいなら融資します」と、借りることができる人の枠組みを決めているからです。

提携ローンとプロパーローンの比較

	提携ローン	プロパーローン
頭金	必要なし	必要あり（2割以上）
金利コスト	高い（1.5%以上）	低い（1%以下） ※借入人の属性による
審査期間	短い（2週間程度）	長い（1カ月程度）
手間	かからない （不動産会社が紹介）	かかる （銀行開拓の必要あり）
1棟不動産	不可	可能

・どちらもメリットとデメリットがある！

・頭金を準備できない方は提携ローン！

・頭金を準備できる方は有利な条件で借入できるプロパーローンを検討しよう!!

提携ローンにどういう人が合っているかというと「頭金がなくフルローンを組みたい人」「忙しくて銀行開拓している暇がない人」です。

次にプロパーローンです。**プロパーとは「本来の」という意味で、まさに銀行と直接交渉して融資を受けるローンの方法**です。提携ローンのように介在する会社がなく、銀行開拓や書類のやりとりや金利の交渉もすべて自ら行う必要があります。提携ローンと比較すると、間違いなく「手間と大変さ」はあります。

あと、提携ローンとの違いは頭金です。**提携はフルローンが可能ですが、プロパーローンはどの銀行も投資する物件金額の2割以上の頭金を必要とすることが多いのです。**2割なら少ないほうで、3割から4割の頭金を求められることが多いようです。

では、プロパーローンを借りるメリットは何でしょうか。それは金利です。**提携ローンの金利は1・5％以上ですが、プロパーローンは1％以下になることが多いのです。**プロパーローンは提携ローンと異なり、借りる人の資産状況や属性を詳細に分析、審査するため、属性が良ければ提携よりも良い条件で借りることができます。

提携ローンとプロパーローンとの違いを理解いただけたでしょうか。どちらが良いという話ではなく、自分の状況にどちらが合っているかで選ぶべきでしょう。一般的にいうと、**「年収は高いが手元資金が少ないフローリッチ」の方は提携ローンを、「現預金がたくさんあるストックリッチの富裕層」はプロパーローンを選ぶのがいい**と思います。**プロパーローンは銀行を開拓する必要があります。**メガバンクは不動産ローンに前向きではないので、地銀や、自分の預金やローンですでに取引があるメインバンクに依頼をするのがいいでしょう。不動産投資を成功させるには借入は重要な役割を果たしています。慎重に検討して借入条件も最適化しましょう。

不動産投資の借入は提携ローンと
プロパーローンの2種類。
それぞれメリット、デメリットがあるので
自分に合っているローンを選ぼう。

46

どんな不動産会社を選ぶのがいいですか？自分でできる判断ポイントはありますか？

投資用の不動産会社は大きく分けて、売買仲介と買取再販、この2つになります。自分の目的と考えに合っている不動産会社を選ぶのがいいと思います。

何が違うのかは、次ページの図表を見てもらえば一目瞭然です。売買仲介会社の場合は、売り手と買い手にそれぞれ仲介会社がつき、価格の交渉などは仲介会社を通して行います。そして売買が成立すると、仲介会社に物件価格の3％＋6万円の仲介手数料を支払って取引が完了します。

不動産会社には２つのタイプがある

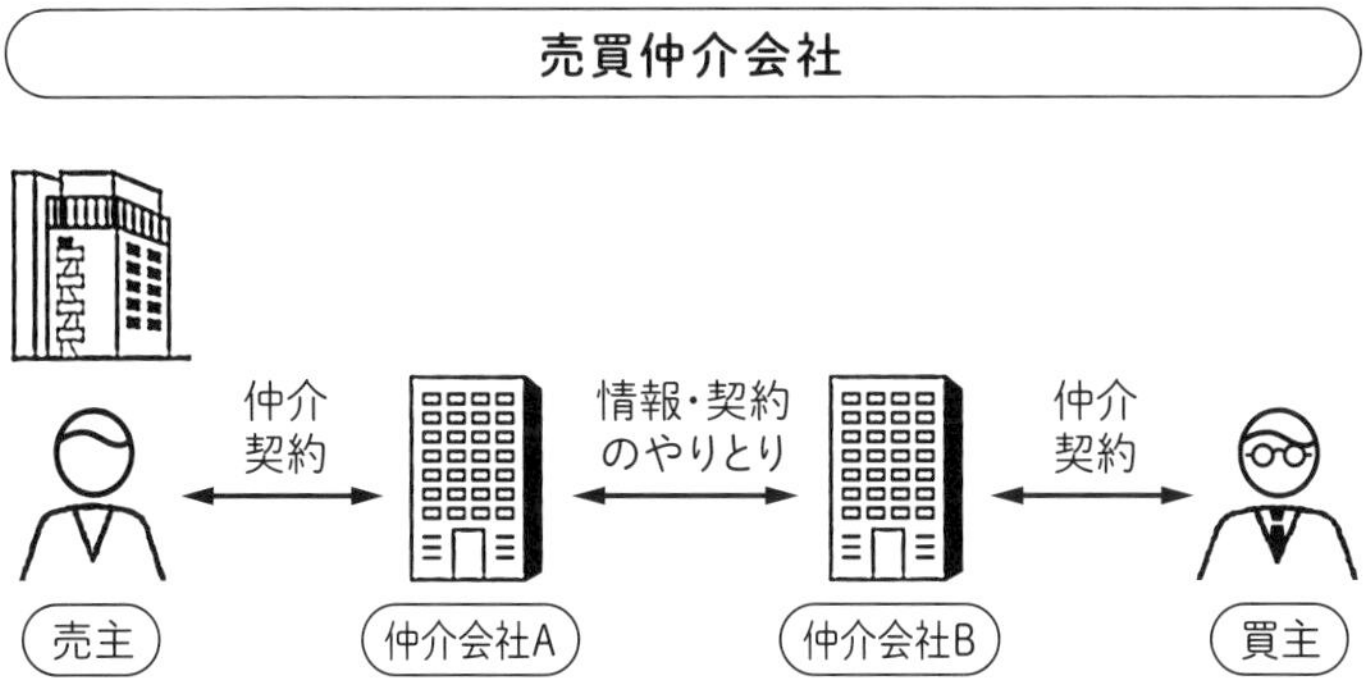
売買仲介会社
仲介
契約
情報・契約
のやりとり
仲介
契約
売主
仲介会社A
仲介会社B
買主

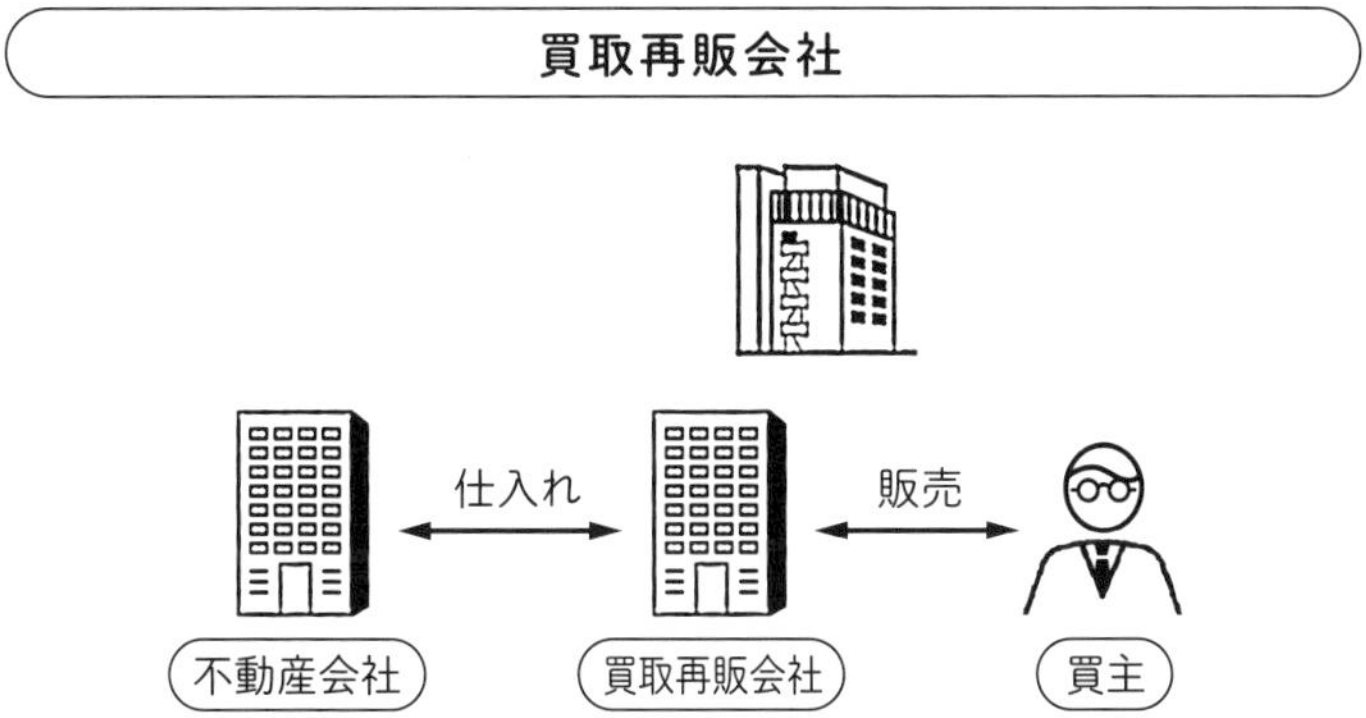
買取再販会社
仕入れ
販売
不動産会社
買取再販会社
買主

売買仲介会社を通して購入するのと
買取再販会社から購入するのとでは
投資の仕組みが異なる！

第5章 不動産編

売買仲介会社と買取再販会社からの購入との違い

	売買仲介会社	買取再販会社
収益性	○	△
手数料	3%+6万円	物件価格に内包
提携ローン	なし（一部の会社はあり）	あり
付随サービス	会社による	充実

自分に合う不動産会社を選ぼう！

次に買取再販会社です。買取再販の会社は別の不動産会社から仕入れた物件に利益を乗せて投資家に販売します。そのため、売買仲介と異なり不動産会社が直接の売主になります。仲介手数料は必要なく、乗せられた利益が実質的なコストと言えるでしょう。

この売買仲介と買取再販にはいくつか違いがあります。まず、**扱っている物件の収益性は仲介で買うほうが良いでしょう**。なぜなら、売買仲介による仲介手数料以上に買取再販の不動産会社には利益が乗っているからです。会社によりますが10〜20%程度は利益が乗っているので、条件は当然、売買仲介のほうが良くなります。

では、買取再販会社で投資するメリットは何でしょうか。「提携ローン」と「付随サービス」です。買取再販会社は基本的に提携ローンという不動産会社と銀行が提携してつくっているパッケージローンを提供しています。**提携している銀行が多ければ多いほど有利な融資条件で借入できる可能性が高まります。**

次に付随サービスとは、**買取再販会社が投資した物件を借り上げるサブリースや家賃保証をしたり、独自の物件管理システムを提供してします。**売買仲介会社ではこういったサービスは少ないので、必要な人にとってはメリットでしょう。

投資用物件を扱う不動産会社は売買仲介と買取再販の2つ。収益性なら売買仲介、提携ローンや付随サービスなら買取再販会社に分があり。

47

海外不動産には投資したほうがいいですか？旅行好きなので魅力は感じるのですが。

海外不動産への投資は多くの人にとって不要です。

なぜなら、**国内と比較して「難易度」と「コストが高い投資」になる**からです。

難易度が高いのは国内と違い、実物を見ることができないので、現地の業者や日本の売買仲介会社を信用するしかないからです。物件選定に加えて管理もむずかしくなります。信頼できる管理会社ならいいですが、修繕に法外な請求をされたり（いわゆる、ぼったくられたり）、空室になったとき真剣に借り手を探してくれなかったり、また一般的には英語で管理会社と交渉することは難易度が高く、ストレスになります。

コストが高いのは、英語が苦手で日本の会社を介在させるとなると、実質的には海外の不動産会社と日本の会社で二重コストになるからです。また、海外不動産は賃料収入を海外でも申告する必要があり、そのコストも増えます。そのコスト増を補って余りある収益性がある物件を選ぶ必要があります。

海外不動産投資を成功させるコツは信頼できるパートナー選びです。自分がすぐに行けない場所にある不動産に投資するので、代わりに行ってくれたり、正確な情報をくれる、代わりに交渉してくれる信頼できるパートナーが必要です。

海外不動産への投資は多くの人にとって不要。海外不動産は国内と比較して成功の難易度とコストが高い。

48

世古口さんはどんな不動産に投資していますか？ だんだん、私もその気になってきました。

私は都内の区分マンション複数とアメリカに一軒家、フィリピンの土地（ランドバンキング）に投資しています。

都内の区分マンションは港区、目黒区などの人気エリアで築10年から20年、1Kか1R、表面利回り5％前後の物件を保有しています。

国内不動産は好立地物件に絞っているのでほとんど空室になりません。仮に空室になってもすぐに新たな借り手がつくストレスフリーな投資をしています。

アメリカの一軒家はニューヨーク州の物件で郊外の木造築70年、表面利回り13％の物件です。建物部分を4年間で減価償却するために、投資主体は所得が高い資産管理会社としています。アメリカはコロナの影響で家賃滞納が増えているらしいので注意が必要ですが、私の物件はまだ影響ありません。

フィリピンの土地（ランドバンキング）投資とは、都市移転計画がある街の土地を安く仕入れ、移転計画が進み都市が発展したのちに、デベロッパーなど不動産会社にその土地を売却しキャピタルゲインを得るという投資です。

不動産は都内の区分マンション複数とアメリカに一軒家、フィリピンの土地（ランドバンキング）に投資しています。

1億円を貯める
「不動産」セルフチェック

- □ 金融資産と実物資産との資産性の違いを理解していますか
- □ 不動産にどういった投資効果があるかを理解していますか
- □ 自分が不動産に投資する理由が明確になっていますか
- □ 不動産投資の仕組みを理解していますか
- □ 自分が投資したい不動産の条件を箇条書きできますか
- □ 不動産投資の主なリスクが何かを理解していますか
- □ プロパーローンと提携ローンとの違いを理解していますか
- □ 海外不動産は本当にあなたに必要な投資対象ですか

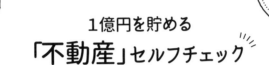

第6章

その他資産編

株式、債券、不動産以外にも投資対象はいろいろある

49

金と仮想通貨にも投資したほうがいいでしょうか？話題になっていますが正直少し不安です。

金と仮想通貨にも投資したほうがいいです。

金と仮想通貨に共通しているのは、国家が発行する法定通貨の信用とは関係なく、独自に値付けされている資産という点です。

法定通貨の信用と関係がないと、どんなメリットがあるのでしょうか。それは国家の財政が悪くなり、皆さんが政府や通貨を信用できないとなったときに価格が上昇することが予想されるからです。**2020年に金や仮想通貨が高騰したのは、世界各国**

先進国の政府債務残高の推移（名目ＧＤＰ比）

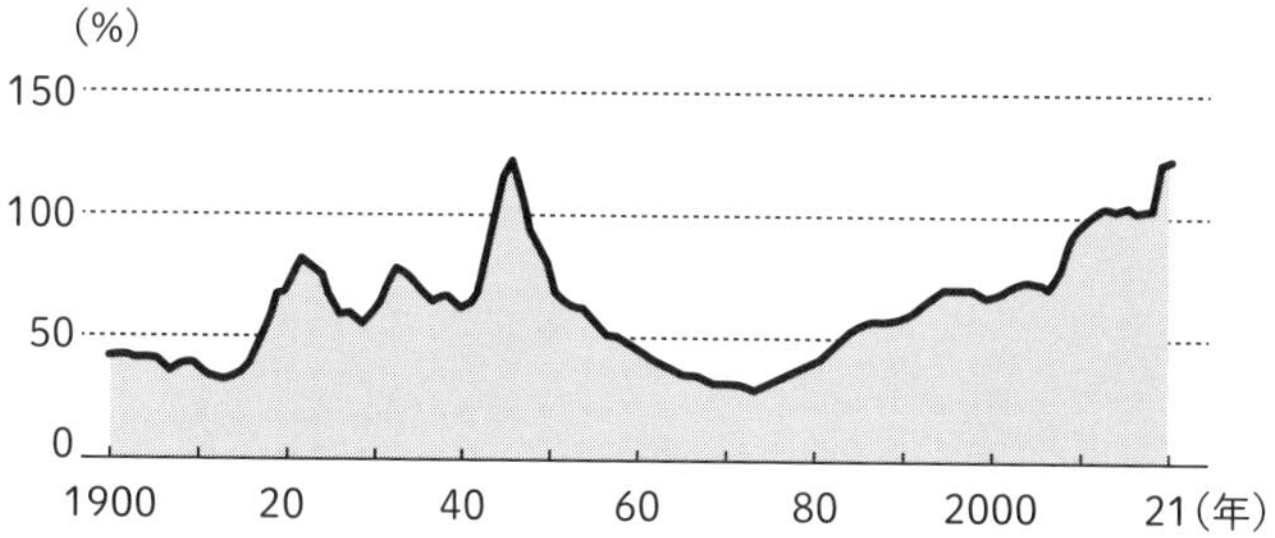

（%）
150
100
50
0
1900
20
40
60
80
2000
21（年）

（出所）IMF、2020年10月時点の見通し

先進国の債務残高は第２次世界大戦時を超えピークに！

がコロナ対策で大規模な財政出動をしたことによる世界的な国家財政に対する不信任が原因です。

財政肥大化は数字にも明確に表れています。先進国全体でＧＤＰに対する政府債務残高の比率が２０２１年に約１２５％となり、第２次世界大戦後の水準を超え過去最大に達する見通しです。

財政肥大化が続き財政が健全化しない場合は法定通貨である米ドルやユーロ、円という貨幣の価値が下落する可能性もあります。そういったときに金や仮想通貨を保有していた場合は上昇する可能性が高いのでリスクヘッジになるのです。

２０２０年、金の価格は１月１日から

12月31日の1年で23%上昇しました。仮想通貨はもっとすごく、ビットコインは同期間で204%上昇しました。たった1年で3倍になったのです。

ビットコインの価格は2017年12月に220万円台をつけたあと、コインチェックの事件をきっかけに第一次バブルが終了し、暴落し続け30万円台まで値を下げました。2020年のコロナショックによる国家財政への不信任を背景に現在は300万円を超えています（2021年1月現在）。

なぜ金と比較してビットコインの価格のほうが大きく上昇しているのでしょうか。さまざまな理由がありますが、大きくは2つあると私は考えています。

ひとつは**他の代替資産と比較してまだ規模が小さい**こと。ビットコインの時価総額は40兆円にすぎません（2021年1月現在）。一方、代替資産仲間の不動産REITの時価総額は120兆円、金の時価総額は900兆円を超えています（2021年1月現在）。規模が小さい資産のため、少しの資金流入でも需要が供給を上回り、価格が大幅に上昇していることが予想できます。

もうひとつの理由として、2020年になってから仮想通貨に資産運用のプロである機関投資家やヘッジファンド、世界の富裕層が投資を始めていること。私は、**この**

法定通貨以外にも注目すると…

金先物チャート過去 3 年推移

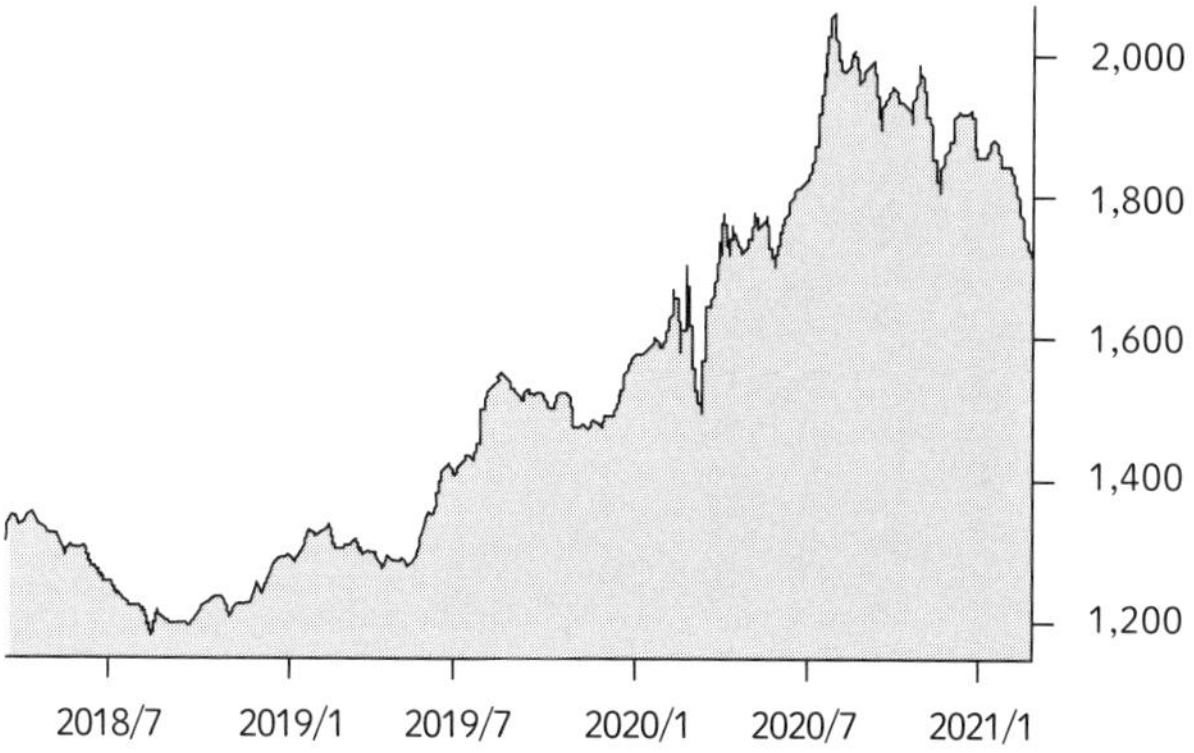

2,000
1,800
1,600
1,400
1,200
2018/7
2019/1
2019/7
2020/1
2020/7
2021/1

ビットコインチャート過去 3 年推移

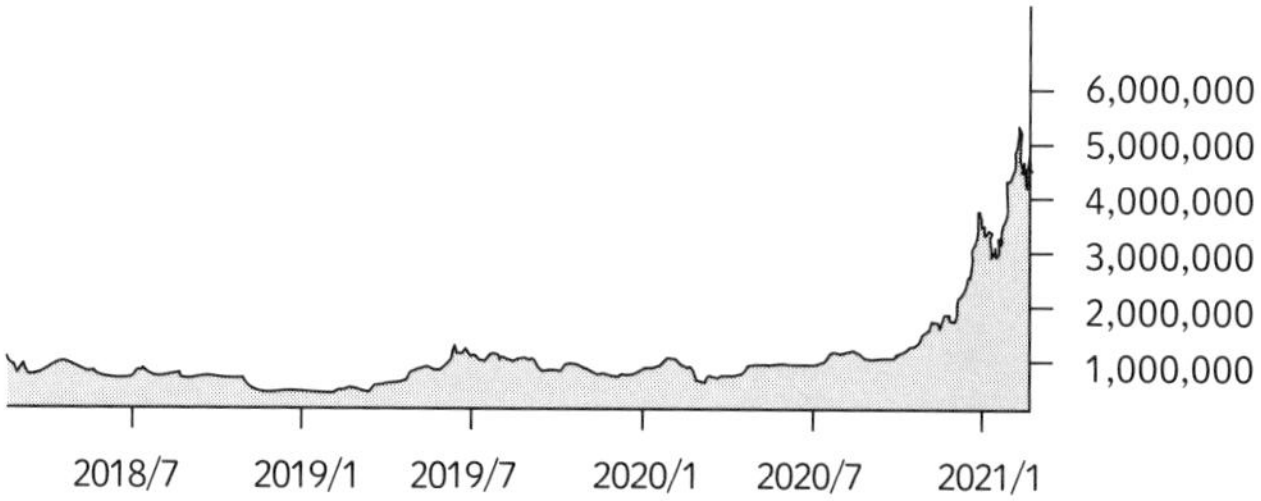

6,000,000
5,000,000
4,000,000
3,000,000
2,000,000
1,000,000
2018/7
2019/1
2019/7
2020/1
2020/7
2021/1

法定通貨への不信任を受け、
上昇を続ける金とビットコインの価格

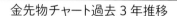

流通量がまだ少ないビットコインにプロたちの運用資金が流入したことで大幅に上昇したと考えています。

まだまだ価格が不安定な仮想通貨ですが、いずれはもっと安定してくるでしょう。第一次バブルだった2017年のころは投資家ではなく、ほとんど投機家（ギャンブラー）の資金だけでした。しかし、前述のとおり本当の投資家の資金割合が増えてきました。私たちのお客様も最近、割合は大きくありませんが、仮想通貨を資産配分に入れてもらうようにしています。

「どんな仮想通貨をどの取引所で投資するのがいいか」という質問をもらうことがあります。仮想通貨の中の時価総額の6割をビットコインが占めています。つまり、ビットコインに投資していればおおむね仮想通貨全体の動きについていくことができます。あとイーサリアム（2番目に時価総額が大きい仮想通貨の種類）の占める割合が1割程度ですので、主にビットコイン、あと少しイーサリアムに投資すればいいのではないでしょうか。

取引所に関しては大手の取引所を使ったほうがいいと思います。理由はコインチェックのような資金流出リスクもあるので、万が一のときに預けていた仮想通貨を保証してくれる大手がいいと考えています。

ただ、注意点は金も仮想通貨も資産配分全体に占める割合を高くしすぎないことです。値動きが激しすぎるのと、あくまでもサテライト（周辺）資産であることから、資産全体に占める割合は数%から5%にとどめるべきでしょう。

値動きが大きいのでタイミングを見るのが億劫であれば、最近は仮想通貨も積立投資が可能な取引所もあります。**まずは少額積立で投資するのもいいと思います。**

資産分散の意味で金と仮想通貨にもしっかり投資しよう。しかし資産全体に占める割合は高くても5%までにとどめる。

50

太陽光発電設備や風力発電設備にも投資したほうがいいですか？　優先順位はありますか？

投資したほうがいいと思います。

すでに不動産に投資しているという前提なら。

太陽光発電設備や風力発電設備はサテライト（周辺）資産と呼ばれ、株式や債券、国内不動産などのコア（中核）資産より投資の優先順位は低いと、私は考えています。ゆえに太陽光発電設備や風力発電設備に投資をしてもいいと思いますが、それは「同じ実物資産かつコア資産である国内不動産に投資しているならば」と前提条件をつけさせていただきました。

太陽光発電設備投資の仕組み

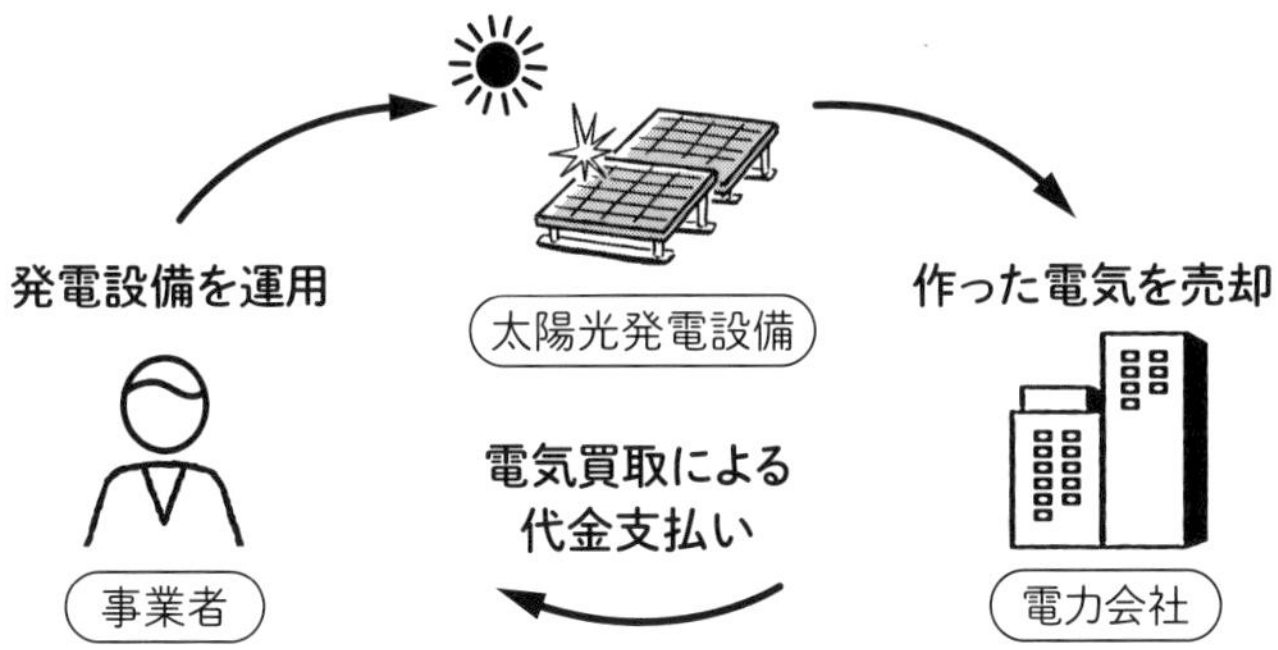
発電設備を運用
太陽光発電設備
作った電気を売却
電気買取による
代金支払い
事業者
電力会社

土地を購入し太陽光発電設備を設置、太陽の照射により電力を発電し電力会社に売却し売電収入を得る

簡単に太陽光発電設備への投資の仕組みを説明しましょう。まず土地とセットで太陽光発電設備を購入します。設備自体はよく一軒家の屋根に付いているソーラーパネルと同じだと思ってください。あれが1000㎡という、もっと広い土地にたくさん設置されているイメージです。

そして設備が太陽光に照らされることで電力が作られ、その発電された電力を電力会社が買い取って、その対価が売電収入となって投資家の収入（売上）になるのです。

太陽光発電設備投資のポイントは「FIT（固定価格買取制度）」と「フルローン」

です。

ＦＩＴは発電された電力の買取価格を20年間固定してくれる制度で、このＦＩＴのおかげで安定的な売電収入を得ることが可能です。

もちろん電力単価がkWあたり12円や14円と固定されているだけで、発電される電力量は日照時間などによって決まるので変動します。しかし、価格は変動するより固定されているほうが収入は安定します。太陽光発電設備の会社や案件にもよりますが、表面利回りは10％前後になることが多いようです。

次にフルローンについて説明します。太陽光発電設備のローンは銀行ではなく信販系の金融機関でローンを組むケースが多く、金利は２・５％程度の固定金利で組むことができます。**実は太陽光発電設備のローンは固定金利で借りることが重要です。**

物価が上昇して金利が上がっても売電収入が増えることはないので、変動金利だと支払利息だけ増えることになります。インフレ抵抗力がない点が不動産との違いになります。

つまり、売電収入の表面利回り10％から借入金利２・５％を差し引いた７・５％が太陽光発電設備投資の主な利益になります。

実はタックスメリットもあります。太陽光発電設備は耐用年数17年で減価償却でき一定の比率で償却する定率法も選択できます。そのため、投資してからしばらくは所得がマイナスになり所得税や法人税の圧縮になります。また、すべて設備なので消費税の対象となり課税業者は消費税還付（消費税が戻ってくること）のメリットもあります。

風力発電設備は太陽光が風力になるだけの違いですが、太陽光よりも投資金額が大きくなるのと、太陽光よりも発電量が安定していないという特徴があります。

投資の優先順位としては太陽光発電設備から検討してもいいのではないでしょうか。

太陽光発電設備、風力発電設備にも投資したほうがいい。風力は太陽光より収益の安定感が低いので注意が必要。

51

絵画やワインにも投資してもいいでしょうか？趣味も投資対象になるのでしょうか？

その絵やワインが特別に好きなのであれば投資してもいいと思います。

まず再認識しておきたいのですが、絵画やワインは**資産の中核になるべきコア資産ではなく、優先順位が低い周辺のサテライト資産**ということです。どうしても投資しなければならない資産ではありません。それをふまえたうえで、保有資産の規模が大きくなってくれば、資産分散のひとつとして検討してもいいと思います。

絵画やワイン、時計、クラシックカーなど嗜好品に投資する場合はポイントがあります。それは**その投資対象を特別に気に入っていて好きなことです。**

絵画もワインも価格が半分になる可能性もあり、流動性も低いので投資対象としてはリスクが高いと言えます。絵画はよほど有名なアーティストの絵でなければ価値がゼロになる可能性もあります。

しかし、価値がゼロになってもその絵画が好きで家に飾っておけば本人にとって価値はゼロではないはずです。ワインも同じです。仮に価格が下落してもおいしく飲んでしまえば幸せなはずです。

金融資産は色がなく本人の嗜好はあまり関係ありません。しかし、絵画やワインなど嗜好品の要素が強い資産は好きか嫌いかで投資対象を選定していいと思います。

その絵画やワインが本当に好きなら投資してもいい。本当に好きなら価格が下がっても幸福感はあまり下がらないから。

52

ヘッジファンドとはなんですか?なんか怖いイメージがあります。

ヘッジファンドとは高度な金融技術を駆使して独自の戦略で資産運用を行うファンドです。ヘッジファンドに投資することは、そのファンド独自の戦略に投資することを意味します。

ヘッジファンドという概念はむずかしいのですが、分かりやすく理解するために「インデックスファンド」と「アクティブファンド」と比較して説明していきましょう。

まずインデックスファンドとは、その名のとおり**日経平均株価やS&P500などのインデックス**（指数）**に連動することを目指すファンド**です。つまり、インデック

ファンドは種類によって性質が異なる

	インデックスファンド	アクティブファンド	ヘッジファンド
特徴	株式指数等のベンチマークに連動する運用成果を目標とする	株式指数等のベンチマークを上回る運用成果を目標とする	株式市場等がどう動こうとも一定の利益を安定的に獲得することを目標とする（絶対収益）
メリット	・運用状況を把握しやすい ・運用コストが低い	ファンドマネージャーの腕によってはインデックスファンドを上回るリターンの可能性がある	マーケットが暴落する時でも安定した利益の獲得が期待できる
デメリット	市場平均以上の運用成果を期待することはできない	運用パフォーマンスの平均値ではインデックスファンドに勝てない	・流動性が低い ・運用コストが高い ・投資ルートが少ない

メリット、デメリットが異なるので
自分のニーズに合ったファンドを選ぼう！

スファンドへの投資は、日経平均株価やS&P500に投資することなのです。

そのインデックスファンドを超えたパフォーマンスを目指すのがアクティブファンドです。ある年のインデックスファンドのパフォーマンスがプラス5%としましょう。アクティブファンドはプラス5%未満ですと、プラスだとしても、このアクティブファンドは世の中の評価としては負けたことになります。

ではインデックスファンドのパフォーマンスがマイナス10%ではどうなるでしょうか。投資しているアクティブファンドがマイナス5%だとします。先ほどの理屈だとインデックスよりも上回っているので、このアクティブは勝ったことになります。しかし、投資家はこう考えます。**「ふーん。けどマイナスだよね?」**と。

ヘッジファンドはどんなときでもプラスのリターンを出す「絶対収益」という理念を持ったファンドが多いのです。それはインデックスがどんなパフォーマンスだとしても、コロナショックが起きても、リーマンショックが起きても**プラスのリターンを出すのが絶対なのです。**アクティブと同様にインデックスと戦っているヘッジファンドもありますが、この絶対収益主義はヘッジファンドの大きな特徴と言えるのです。

しかし、ヘッジファンドにはいくつかデメリットもあります。まず、**一般的なファ**

ンドと比較して流動性が低いことです。売却の注文から換金までに1カ月から長いものだと1年かかるファンドもあります。

また**運用コストが高い**。通常のアクティブファンドが信託報酬2%だとすると、この2%に加えて実績報酬としてファンドの利益の20%を求めるファンドが多いのです。

もう1点。**日本では海外ヘッジファンドへの投資ルートがきわめて少ない**こと。詐欺っぽいヘッジファンドもどきも多いのでファンドの選定には注意が必要です。

これらのデメリットを考慮しても投資するメリットがあると富裕層は判断してヘッジファンドをポートフォリオに組み込むことが多いのです。

ヘッジファンドは独自の高度な運用戦略に投資するのが特徴。コストが高いなど、デメリットもあるので総合的な投資判断が必要。

53

日本でヘッジファンドに投資することは可能ですか？なにを確認すればいいですか？

日本でもヘッジファンドに投資することは可能です。

多くはないのですが、日本でも海外のヘッジファンドを販売している会社は存在しています。日本でヘッジファンドのような金融商品を販売するためには規制当局である財務局に届出をして販売することを認めてもらう必要があります。

私が把握している限りで、日本で免許を持ってヘッジファンドを販売している証券会社や金融機関はいくつか存在しているので、そういった会社を通して投資するのがいいでしょう。当社でも免許を得たうえでヘッジファンドを販売しています。

ただし、日本で免許を得ずに販売されているファンドやしっかり運用資金の管理などがされていないファンドには注意が必要です。

ヘッジファンドの投資にあたって確認する必要があるのは、次の点です。「**運用資金がどの銀行や証券会社で管理されているか**」「**ヘッジファンドや販売会社が倒産しても運用資金に影響ないか**」「**監査法人の監査を入れてパフォーマンスや資金残高のチェックがされているか**」などです。最低限、これらのことが確認できないヘッジファンドは信用補完がされていないことになるので、投資を見送ったほうがいいでしょう。

日本でも実績ある有名なヘッジファンドに投資可能。公式な販売免許の保有と信用補完がされているかをしっかり確認しよう。

54

どんなヘッジファンドに投資するのがいいですか？もう少し詳しく教えていただけますか？

自分の投資ニーズに合った戦略のファンドに投資しましょう。

ヘッジファンドはファンド独自の戦略への投資です。ヘッジファンドの戦略はたくさん存在し、戦略ごとに収益性や安定性が異なります。そのため、自分が達成したい目標やリターンを得るためにはどのヘッジファンドが適しているかを考えて選ぶ必要があります。

ヘッジファンドにはどんな戦略があるのか、代表的な運用戦略を紹介していきます。

まずは「株式ロング・ショート」。ヘッジファンドではもっともポピュラーな戦略です。株式ロング・ショートとは個別株式の買付け（ロング）と空売り（ショート）を組み合わせた投資手法です。

株式ロング・ショートは株式の買付けと空売りのバランスが同じであれば株式全体の値動きに左右されず投資利益を得ることができます。どんな相場環境でも利益を得たい富裕層のニーズに合った戦略と言えます。

ただし、株式ロング・ショートにも買付けと空売りにバイアス（かたより）があることも多いので気をつけましょう。基本的には買付けの割合が空売りよりも多いロングバイアス（買付けにかたよっている）ファンドが多いようです。ロングバイアスは株式市場全体が上昇すれば同じく上昇する市場連動性があります。

ロングバイアスが問題というわけではなく、**市場連動性があるほうがいいか、ないほうがいいかによって選ぶファンドが変わってきます。**選定の一つの基準にしましょう。

次に「アービトラージ」、俗に言う鞘《⊠⊠》取り戦略です。買付けと空売りを組み合わせるという意味では株式ロング・ショートと同じです。

他には「グローバルマクロ」という経済の動向を予想して株式や債券、コモディティ

ヘッジファンドの投資戦略は多種多様

- ☐ 株式ロング・ショート（売りと買いの組み合わせ）
- ☐ アービトラージ（鞘《さや》取り戦略）
- ☐ グローバルマクロ（経済動向予測）
- ☐ CTA（商品取引）
- ☐ ディストレスト（破綻先投資）
- ☐ イベントドリブン（M&A予想）
- ☐ マルチストラテジー（いろいろな戦略の組み合わせ）

各戦略で収益性、安定性、市場連動性などに特徴がある

に投資する戦略やCTAと呼ばれる自動売買により利益を出すヘッジファンドもあります。他にも「ディストレスト」という破綻しかけた会社の株式や債券に投資し大幅なリターンを得る戦略や「イベントドリブン」という会社のM&Aなどを利用した戦略もあります。ディストレストとイベントドリブンは目標リターンが高いですが、リスクも高く、また流動性が低いことが多いのです。

あとはこれらのさまざまな戦略を組み合わせた「マルチストラテジー」という戦略もあり、ヘッジファンドの投資戦略を分散したい人には向いています。

アービトラージが株式ロング・ショー

トと異なる点をご説明します。近い値動きをする資産AとBを投資対象とします。そして、Aの価格が上がってBが下がったときに、Aを空売りしてBを買付けします。AとBは近しい値動きをするので価格が近づいたときに空売りと買付けの取引を決済します。それによりAとBが近づいた部分がファンドの利益になります。

価格の乖離と収斂を利用し空売りと買付けを組み合わせることで収益を得る、まさに鞘取り戦略です。こういった取引を毎日地道に行うファンドが多く、アービトラージのファンドはパフォーマンスが安定していることが多いのです。一方で大きく年間20%、30%とリターンを出しているファンドは少ないようです。

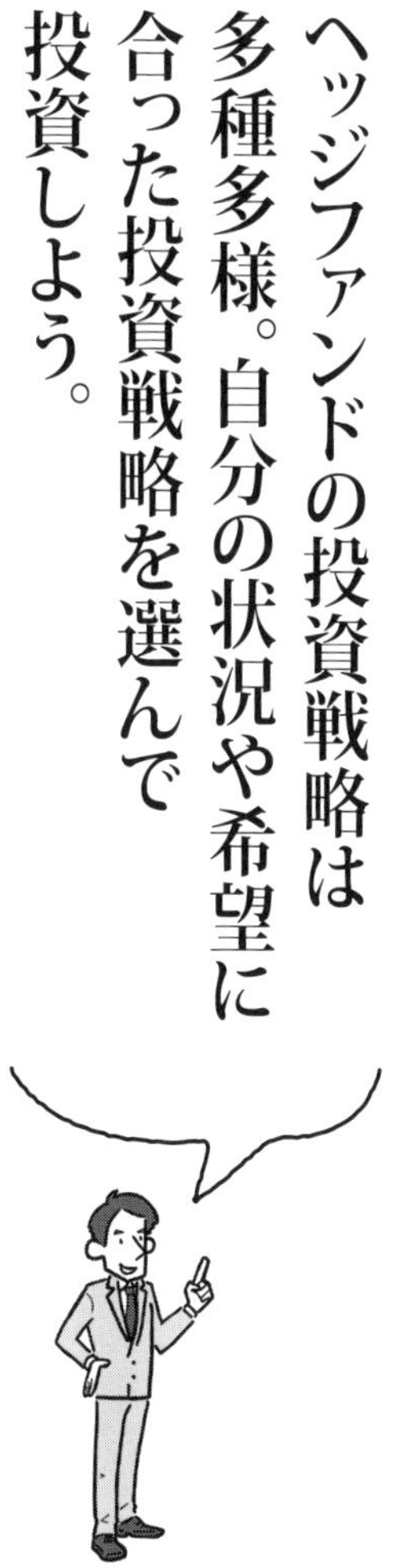
ヘッジファンドの投資戦略は多種多様。自分の状況や希望に合った投資戦略を選んで投資しよう。

55

友人が起業するので会社に出資しないかと誘われています。どう思いますか？

ゼロになるリスクを承知しているのであれば投資していいと思います。

ご質問の投資は「ベンチャー企業投資」といわれる種類の投資です。特徴はハイリスク・ハイリターンな投資です。

ハイリスク・ハイリターンの意味は投資した結果、10倍や100倍になることもあればゼロになる可能性も十分にあるということです。

その方との関係にもよりますが、起業家は投資をしてほしいので、基本的にビジネスがうまくいく前提と予想のもとに事業を説明します。

しかし、それを鵜呑みにしてはいけません。うまくいくかどうかは分からないし、確率的にいうとゼロから起業してうまくいかない会社のほうが圧倒的に多いことは理解しておきましょう。

私も設立間もないベンチャー企業に出資していますが、別にゼロになってもいいと思っています。

ベンチャー企業投資の成功率を上げるには、**その会社の社長の人格やキャリアをしっかり確認しましょう。**そのビジネスに魅力があり、社長も人格者で完全な余裕資金であれば投資してもいいと思います。

ベンチャー投資は一番と言っていいほど
リスクが高い投資分野。
会社の理念に共感しており
余裕資金の範囲なら投資を検討しよう。

56

思いきってベンチャーキャピタル（VC）に投資するにはどうすればいいでしょうか？

ベンチャーキャピタル（以下VC）への投資には**「特別なネットワーク」**と**「まとまった資金」**が必要になります。

VCとは設立して間もない未上場のベンチャー企業に出資するファンドです。ファンドでたくさんの投資家（LP）から出資を募って、ベンチャー企業への投資を行います。そのベンチャー企業がM&Aで売却したり、上場して株を売却することで投資家に分配金を出します。**VCへの投資はベンチャー企業への分散投資を意味します。**

まず、VCに投資するための「特別なネットワーク」についてご説明します。VC

は「少人数私募」というごく少数の人にしか投資を勧誘できない方法で資金を集めています。そのためファンド代表の友人や既存投資家からの紹介でなければ基本的に投資できません。

次に「まとまった資金」についてですが、VCは数千万円から数億円程度が最低投資金額になります。VCが投資する企業のステージにもよりますが、いちばん投資金額が小さい、できたばかりの「シード」と呼ばれるステージのベンチャー企業に投資するVCでも、数千万円以上は必要になるでしょう。

VCに投資したければVCの投資家から紹介してもらおう。
VCの最低投資単位は少なくとも数千万円以上になることが多い。

57

外貨投資はFXの為替取引で運用するのがいちばんいいですか？ 為替手数料が安いので。

円を外貨にするという目的だけだとすると、FXがもっとも為替コストが低く効率的でしょう。

一方で、外貨にしたあとのことを考えると証券会社や銀行で外貨にしたほうがいいでしょう。

FXは基本的に為替の売買をし売買益を得ることを目的として設計されている口座です。しかし、長期的に外貨を保有するためにつくられた器ではありません。ですから米ドルにしただけで、そのあと株式にもできなければ、債券にもできません。

また、ＦＸで外貨にしたとして、それを証券口座など外に出すのはかなり手間がかかります。それであればインターネットバンクならば米ドルなら数銭の為替手数料で取引が可能なので、ネットバンクで為替取引をし証券口座などに送金すれば株や債券にすることもできます。

たしかに、ＦＸなら為替手数料は1銭未満の業者もありますので、もっとも低コストで為替取引が可能といえます。一方で、1銭の為替手数料とは100万円で100円です。ＦＸの口座をつくったり取引したり出金する手間を考えると、**気にせずにインターネットバンクで取引するほうが効率的かと考えます。**

為替コストはＦＸ業者がもっとも低い。しかし、外貨にしたあと株式や債券などの資産に転換できないのが弱点。

58

月3％の利回りの元本保証商品を勧められて正直、迷っています。

詐欺案件の可能性が高いので投資しないほうがいいと思います。

「月利3％（年利36％）で元本保証」ときたら、まず詐欺と判断して間違いないと思います。まだ、投資初心者の方には分からないかもしれませんが、プロからしたら、この超低金利下で保証を付けて月利3％で運用するのはすぐに不可能と分かります。

日本人がとにかく弱い言葉は「利回り保証」「元本保証」です。この言葉をちりばめられると保守的な日本人はコロッとだまされます。しかし、よく考えてください。

大事なのは「誰が」保証しているかです。

日本のメガバンクが保証しているのでしょうか。それとも有名な上場会社でしょうか。そうではないはずです。大手の会社が月利３％を約束することはありませんので、おそらく聞いたこともない会社です。

その会社の財務内容や決算書を見て、とても素晴らしければ、その提案を検討する価値があるかもしれませんが、その決算書が本物かどうかは監査法人が監査をしていなければ誰も証明してくれません。決算書などは、簡単に偽造可能だからです。

命と家族の次に大事なお金です。チープな詐欺にだまされて、すべて失うことがないように慎重に投資案件を精査しましょう。

月利３％は詐欺案件のサイン。「月利３％」「元本保証」というワードが出たら詐欺を疑おう。素人においしい話はほぼ１００％まわってこない。

59

世古口さんはどんなその他資産に投資をしていますか？　投資動機も知りたいのですが？

私が投資しているその他資産は金、仮想通貨、太陽光発電設備、絵画、ワイン、ベンチャー企業へのエンジェル投資（設立間もない会社への投資）です。

金は延べ棒などの実物ではなく、金融商品仕立てになっている金価格に連動する外国ＥＴＦです。実物の金は購入と管理の手間や安全上の問題があるので、同じ経済効果があり手間いらずなＥＴＦにしました。

仮想通貨は普通に日本の仮想通貨取引所でビットコインやイーサリアムを保有しています。

太陽光発電設備は千葉県に７００㎡くらいの土地を購入しそこに２７０枚のパネルを設置して発電をし、毎月売電収入を得ています。

絵画はミャンマーのトップアーティストの絵を保有しています。トップアーティストとはいえミャンマーのような新興国の絵であれば数百万円で購入が可能です。**国の経済が成長すれば絵画の価格も上昇する道理**です。

ワインはイギリスのワイン商社を通して定期的に5大シャトーのワインを中心に購入しています。ベンチャー企業へのエンジェル投資については子どもに投資教育を普及させる会社で**社会的な意義を感じたので出資させていただきました**。

金、仮想通貨、太陽光発電設備、絵画、ワイン、ベンチャー企業の株式に投資しています。その他資産は多岐にわたり自分の嗜好に合うものを選んでいます。

第6章のまとめ

コラム 6

1億円を貯める「その他資産」セルフチェック

□ 金や仮想通貨にも資産分散していますか

□ 太陽光発電設備や風力発電設備に投資していますか

□ 絵画やワインにも投資していますか

□ ヘッジファンドに怖いイメージがありますか

□「インデックスファンド」「アクティブファンド」「ヘッジファンド」の違いを理解していますか

□ 友人が立ち上げたベンチャー企業への投資のリスクがどれくらい高いか、理解していますか

□ 外貨投資をFXで行っていませんか

□ 月利3%で元本保証付きの投資案件を詐欺ではなく、優良案件と信じていませんか

第7章

アドバイザー選び編

専門アドバイザーとは正しく付き合おう

60

銀行から投資信託を提案されています。どう付き合っていくのがいいでしょうか？

銀行の担当者はあまり投資に詳しくないので投資の提案を鵜呑みにしないほうがいいでしょう。不動産担保ローンを引き出すための機能というぐらいに認識しておきましょう。

金融機関は銀行、証券会社、保険とさまざまありますが、もっとも銀行の担当者が投資に詳しくないように感じます。私も銀行とお付き合いがありますが、担当者は投資の世界をあまり知らないと感じます。これは銀行のいろいろな部署に異動させてゼネラリスト（広い知識を持つ人）を育てるという方針があるからかもしれません。しかし、投資の世界は奥が深いので、こういった方のアドバイスを鵜呑みに投資するのは危険です。

きびしい言い方をすれば、唯一、**銀行の担当者と付き合っていてメリットがあるのは不動産担保ローンを引き出せる**ことです。こればかりは証券会社もしくは保険会社ではなく、銀行という金融機関にしかできないサービスです。

少し面倒なのは最近では不動産担保ローンとバーター（抱き合わせ）で投資効率の悪いラップ口座や投資信託で投資してほしいと求められることがあります。もっと質が悪い銀行ですと、前述の仕組債をバーターで提案されることもあります。そういった本質的ではない、提案をする銀行担当者とは付き合わないほうがいいでしょう。


銀行担当者はあまり投資に詳しくないので提案を鵜呑みにしない。不動産担保ローンを引き出すための機能と認識しよう。

61

証券会社の担当者とうまく付き合う方法を教えてください。見極め方はありますか？

証券会社の担当者（証券マン）の意見を鵜呑みにするのではなく、一つの意見として参考程度にとらえましょう。資産配分全体の指揮権を握らせてはいけません。

まず証券マンは何を考えているのでしょうか。それは「ノルマをこなすこと」です。お客様はノルマをこなすための道具にすぎないと思っている方が多いように感じます。たくさんの部署があり、もちろん、そうでない方もたくさんいますが、基本的に大部分の支店（リテール）で働く証券マンはノルマをこなすことで精いっぱいです。

証券マンはどんな経歴の方が多いのでしょうか。新卒でその証券会社に入社しているプロパー社員が多いでしょう。大手ならそれなりに偏差値が高い大学の出身、中堅以下でも多くは大卒の方が多いと思います。

そんな証券マンたちが提案するのは基本的に株式の短期売買が多いと思います。それがいちばん儲かる可能性が高く、ノルマ達成に近道だからです。証券マンは「この株式は上がると思います」「あの株式は高すぎるので様子を見ましょう」と提案します。

しかし、考えてみてください。なぜそんなことが分かるのでしょうか。そんなことが分かれば証券会社を辞めて自分でトレードしたほうが報酬も労働効率も良いはずです。普通の大学を出て支店で働いている担当者には株が上がるか、下がるかなど分かるはずがありません。言ってしまえば証券マンの提案や発言はほぼ「あてずっぽう」です。当たる確率は五分五分でしょう。

前述しましたが、短期売買の株式市場は機関投資家やヘッジファンドなどのプロのマーケットです。支店営業の一証券マンが戦える戦場ではないのです。証券マンを通して、本気でそんな戦場で戦おうとしてはいけません。趣味で長期保有が好きな株式を買う程度の付き合い方がちょうどいいと思います。以上の理由で証券マンからの提案は鵜呑みにせず参考程度にとどめましょう。

あとは証券マンでも人によりますが、仕組債（とくにEB債）を提案する担当者には注意しましょう。前述したとおりですが、仕組債は百害あって一利ない金融商品です。この仕組債を提案する証券マンはお客様をただの「金づる」と認識している可能性が高いのです。仕組債を提案する証券マンに出会った場合は担当変更やその証券会社自体との取引停止を検討したほうがいいでしょう。

では、どんな証券マンならお付き合いをしてもいいのでしょうか。それは**頭はいいけど出世欲がない証券マン**です。マイノリティ（少人数）ですが、たしかにそういう人は存在します。まず、頭がいいことは投資アドバイザーには大前提です。

出世欲が強いと回転売買をしたり、仕組債を売らなければならないので、短期的でお客様不利な提案をせざるを得ません。出世を望むと、お客様より会社を選んだ取引が中心になってしまいます。

よく「自分はトップセールスだ」とのたまっている証券マンがいますが、あれは会社にとって「トップ」なだけで、お客様にとっては手数料をたくさん取られているだけの「ワースト」の可能性がきわめて高いのです。

ごく少数ですが、出世を望まずに本当にお客様のために提案する証券マンも確かに存在します。**彼らの提案は、本来、証券会社が望むものではない、長期的で手数料が低い取引です。**しかし、会社のプレッシャーに負けずお客様有利の提案ができるのはとてつもない人格者です。運良くそういった証券マンに出会った方は、末長くお付き合いされてもいいのではないでしょうか。

証券マンのトップセールスとは会社にとってトップという意味。あなたにとってベストな提案をしてくれる証券マンか見極めよう。

62

保険会社の担当者から保険を勧められています。加入するにあたって注意はありますか？

保険は万が一のときの保障を得るための手段。
保険を「投資」とのたまう保険の担当者には気をつけましょう。

保険とは万が一自分が亡くなったときに家族が生活水準を落とさずに生活を送ることや子どもが教育を受けられることを担保するために加入します。逆にいうと**保障以外の目的で保険に入る必要はありません。**したがって、**もっとも注意しなければならないのは保険を「投資」だと提案する保険会社の担当者です。**

保険にもいろいろな種類があり、外貨建ての終身保険や、保険ではあるものの中身は投資信託の変額保険が存在します。これらの保険に加入することを「投資」と提案する保険会社や保険代理店の担当者がいるのですが、その人たちには注意しましょう。

なぜなら保険を保障ではなく投資と認識してしまうと無尽蔵に保険に加入してしまうからです。保険は保険コストが必要な分、投資には向いていない金融商品です。投資は保険ではなく、インターネット証券でインデックスファンドに投資したほうが運用効率が良いのです。保険に毎月10万円、20万円を支払って全く資産が増えていない人がたくさんいるので、そういう提案をする保険の担当者には注意しましょう。

保険は自分に何かの保障が必要であれば検討しよう。保険を「投資」とのたまう担当者には注意。

63

FP（ファイナンシャルプランナー）に資産運用の相談をすることをどう思われますか？

FPは資産運用に詳しくないので相談相手には向いていないと私は思います。
ただ、ライフプランや保険については適切な相談相手だと思います。

人によるので一概には言い切れませんが、FPの方は基本的には資産運用に詳しくないと思います。もうちょっと言うと、フロー概念（日々の収支）には強いのですが、ストック概念（その時点での資産状況）に弱い傾向にあります。
それは保険会社出身者が多いからしょうがないのかもしれませんが、FPの方の、お客様への資産運用の提案が良いと思ったことは、個人的には一度もありません。

また、ＦＰのアドバイスが一般人向けなので富裕層には弱い傾向があります。とくに保有資産が数億円以上だと何を提案していいか分からないという方が多いと思います。そうは言うものの、資産運用に詳しいＦＰもいるかもしれませんので、そういう方にはご相談されてもいいと思います。**詳しいかどうかの見抜き方としては、そのＦＰの「経歴」とこれまでの「実績」を見れば一目瞭然です。**

保険会社の経験だけだと資産運用には詳しくないと思いますが、**証券会社やＩＦＡ（２４２ページ参照）の経験があればそれなりに詳しい可能性があります。**ＦＰは収益源が少ないので、とにかくたくさん保険を売りたいという方には要注意です。

ＦＰは資産運用に詳しくないので投資の相談には不適切。経歴とともに保険を売りたいだけかどうかを要チェック。

64

信頼できる不動産会社の担当者を選ぶには、私はどうすればいいでしょうか？

不動産の「投資リスク」をしっかり説明してくれる担当者を選びましょう。

はっきり言ってしまえば、**不動産は金融より投資リスク説明の法的義務が緩い**です。金融であれば外貨リスク、元本毀損リスク、金利リスクなど、投資におけるあらゆるリスクを投資家に説明する法律的な義務があります。

不動産取引にも不動産会社の担当者は「重要事項説明」という、取引する不動産の重要な情報を説明する義務があります。ですが、それは不動産投資のリスクではなく、取引不動産の詳細を伝える義務に過ぎません。

しかし、不動産会社の担当者にもしっかりと不動産投資のリスクを説明していただける方たちがいます。不動産は人生でいちばん大きな買い物になることが多いでしょう。**説明する義務はないものの、リスクをしっかり説明してもらえるのが信頼できる不動産会社の担当者だと考えています。**

不動産会社の担当者が説明すべき投資リスクは、前述の不動産の「空室」「家賃下落」「修繕」の3大リスクです。これらは担当者に説明義務はありませんが、しっかりこのリスクを自ら説明してくれる担当者は信頼してもいいでしょう。

不動産会社は投資リスクを説明する
法的義務が金融より緩い。
不動産の投資リスクをどこまで説明して
くれるかで信頼できるかを見極めよう。

65

ＩＦＡ（独立系ファイナンシャルアドバイザー）とは何者ですか？　あまり耳にしたことがないのですが。

ＩＦＡは独立した立場から金融商品を提案する個人もしくは法人です。保険代理店の証券版というのが理解しやすいと思います。

ＩＦＡは「Independent Financial Advisor」の略で、その名のとおり独立した立場から金融商品の提案をします。では、この「独立」とは何から独立しているのでしょうか。それは「商品を組成している証券会社から独立している」という意味です。商品を作るメーカーである証券会社から独立する立場で、証券会社と提携契約を結び、証券会社の商品をお客様に提案します。

ＩＦＡの仕組み

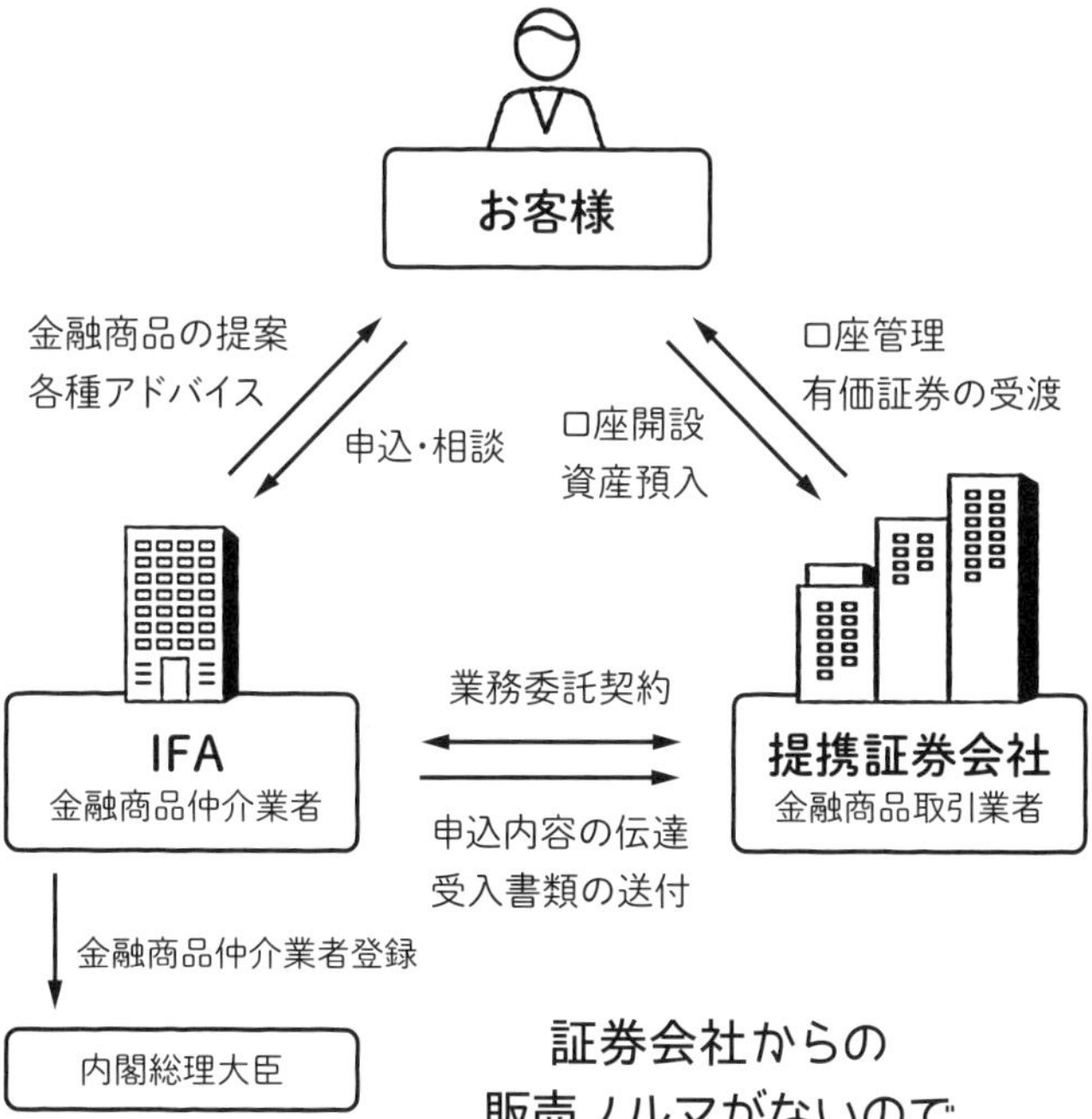
お客様
金融商品の提案
各種アドバイス
申込・相談
口座開設
資産預入
口座管理
有価証券の受渡
IFA
金融商品仲介業者
業務委託契約
申込内容の伝達
受入書類の送付
提携証券会社
金融商品取引業者
金融商品仲介業者登録
内閣総理大臣

証券会社からの
販売ノルマがないので
中立的な提案が行いやすい

「それって何が証券会社と違うの」と思われるかもしれません。実はこれはけっこう違いがあります。**証券会社との大きな違いは2つ。「販売プレッシャー」と「株主」からの解放です。**

「販売プレッシャーからの解放」の説明をします。証券会社で働いていると必ず売らなければならない商品とその期限が存在します。「いつまでにこの商品を何十億円売らなければこの商品を証券会社が自社で購入しなければならない」「商品の導入コストを回収できない」など、さまざまな理由がありますが、とにかく売らなければなりません。

この「売らなければならない事情」がそのまま証券会社の担当者である証券マンのノルマとなり販売しなければならないプレッシャーとなります。この販売プレッシャーがあるとお客様のニーズと関係なく商品を提案してしまうことになります。

IFAは証券会社から独立して存在しているので、その販売プレッシャーがありません。売ってもいいけど、売らなくてもいいのです。このプレッシャーがない状態はお客様のニーズに合った提案をするためには必要です。

次に「株主からの解放」について。ほとんどの証券会社は株式市場に上場しています。上場していると前年比での売上や利益の成長を求められます。言い過ぎかもしれませんが、多くの株主にとってお客様にいい提案をしているかどうかはどうでもよく、売上や利益が成長していることのほうが重要なのです。株主は役員に、役員は支店長に、支店長は課長に、課長は証券マン一人ひとりに売上や利益の成長だけを押し付けます。これが証券会社や金融庁が標榜する顧客本位を妨げています。

IFAは創業社長のみが株主のオーナー会社が多いので、会社を成長させるよりもお客様にいい提案をすることを重視する会社が多いと私は考えています。

IFAは独立した立場から金融商品を提案する個人もしくは法人。独立した立場から中立的な提案を受けられるのが相談者のメリット。

66

ＩＦＡは本当に信頼できますか？ しつこいようで本当に申し訳ありません。

「ＩＦＡだから信頼する」というのは危険です。ＩＦＡも会社が増えて玉石混交になっています。自分の考えややりたいことに適した、ＩＦＡの会社や担当者を選びましょう。

前項のとおりＩＦＡは販売プレッシャーと株主から解放されるので証券マンよりは信頼できる存在と考えられるでしょう。しかし、ＩＦＡだから手放しに信頼してはいけません。実はＩＦＡには別の課題が存在するからです。それは「**自分の欲望との戦い**」です。

ＩＦＡは成績に対する自分の報酬への反映が大きいため、実入りを増やすためにお客様に仕組債や回転売買を提案してしまうモチベーションが生まれてしまいます。

証券マンは「会社のノルマ」と戦い、ＩＦＡは「自分の欲望」と戦っています。自分の欲望を律することができなければ証券マンのころと同じような取引をしてしまいがちですので、そういったＩＦＡには注意が必要です。

会社のノルマやルールがなく自由な分、ＩＦＡのほうが証券マンより玉石混交です。間違ったＩＦＡを選んでしまうと滅茶苦茶な資産運用を提案され悲惨な結果になってしまうこともありえます。会社や担当者によって提案能力や方針が異なるので自分に合った誠実なＩＦＡを選ぶようにしましょう。

ＩＦＡは玉石混交なので簡単に
信用してはいけない。
本当に自分に適しているＩＦＡなのか
経歴、実績、人格を確認しよう。

第7章のまとめ
コラム 7

1億円を貯める
「アドバイザー選び」セルフチェック

- □ 銀行を真の投資アドバイザーと勘違いしていませんか
- □ 証券会社のトップセールスが「誰にとって」のトップかを理解していますか
- □ 保険会社の担当者の「保険＝投資」という言葉を信じていませんか
- □ 「FP＝投資アドバイザー」と勘違いしていませんか
- □ 信用できる不動産会社の担当者を見抜けますか
- □ IFAの仕組みを理解していますか
- □ IFAなら誰でも信用できると勘違いしていませんか

おわりに

本書に最後までお付き合いいただきありがとうございました。

本書の内容は、あくまで私が多くのお客様へのコンサルティングと、自分自身の投資から得た経験をもとに書かせていただきました。「私の考えとは違う」「仕組債は最高だ」という方もなかにはいるでしょう。

それはそれで一つの答えかと思います。投資の正解はひとつではなく、投資家の数だけ存在しています。最終的に人生の目標を達成するのが投資の目的ですが、方法や考え方は人それぞれでいいと思います。

そういうなかで本書を執筆したのは、投資においては「再現性」が大事だと信じているからです。再現性とは、繰り返し実現することが可能かどうかということです。宝くじや競馬は運によるところが大きいので、再現性が低い投資と言えます。
しかし、本書でご紹介したような株式や債券、不動産、その他の投資対象は多くの先人たちが投資し、結果を残しているので、成功する可能性が高いのです。命と家族の次に大事なお金を投資するのです。できるだけ成功する、再現性が高い方法で投資を実践してほしいという想いで本書を執筆しました。

前回の書籍との比較だと本書はかなり詳しく、かつ幅広い分野を網羅的にご説明できたと思います。一般的な投資対象の株式や債券、不動産だけでなくヘッジファンドやベンチャーキャピタル、仮想通貨、絵画に至るまで説明している書籍は少ないので、ご自身の投資の参考にしてもらえれば幸いです。

最後に手前味噌ではありますが、私が経営している株式会社ウェルス・パートナーの説明を簡単にさせていただきます。
当社は「お客様に最高の提案をする」ことを創業理念としている資産運用のコンサルティング会社です。私は自分自身の命も時間も投資も、すべて、この「最高の提案」

を実現するために捧げています。

それでは、「最高の提案」とは何でしょうか。

私は、お客様に「最適な資産配分を提案すること」と考えています。なぜなら何度もお伝えしているとおり、資産運用の結果の8割が「資産配分」で決まるからです。当社は、お客様が人生の目標を達成するためにもっとも適した資産配分を提案しています。

お客様の希望をお伺いしたうえで私と担当者、当社の税理士、不動産担当者を交えて投資戦略会議を行い、お客様にとってどういった資産配分が最適かを徹底的に議論、分析しご提案をおつくりしています。

ご提案の内容はシンプルに資産配分の最適化だけのときもありますが、資産管理会社の活用や資産承継対策、組織再編などの税務最適化をセットにした形である「資産運用設計」の提案が多いです。

日本は最高税率だと所得税、相続税ともに55％（住民税含む）なため、個人の収入が子どもにわたるときには2割になっていることになります。当社は富裕層向けの資産運用会社なので、お客様の税務最適化が「最高の提案」の重要な要素と考え、大手会計事務所での実務経験が豊富な税理士も社員として在籍しています。

私が2016年に当社を創業したのは、前職のスイスの大手プライベートバンクであっても株主が多い上場会社で、金融商品しか扱えない以上は最高の提案ができないと思ったからです。そこで、「最高の提案」をすることを目的とし、私だけがオーナー(株主)の会社であれば最高の提案ができるのではないかと考えました。

創業して4年半が経ち、私たちの提案は最高にかなり近づけたと思います。しかし、まだ最高には至っていないと思います。お客様の命と家族の次に大切な資産をお預かりしている会社として手を抜くこと、おごること、私腹を肥やすことなど、あらゆる煩悩を捨てて「最高の提案」を追求し続けたいと思います。

皆さまの資産形成が成功することを心よりお祈りしております。

2021年3月

世古口　俊介

著者紹介

世古口俊介（せこぐち・しゅんすけ）

株式会社ウェルス・パートナー代表取締役
1982年三重県生まれ。2005年4月に日興コーディアル証券（現・SMBC日興証券）に新卒で入社し、プライベート・バンキング本部にて富裕層向けの証券営業に従事。その後、三菱UFJメリルリンチPB証券（現・三菱UFJモルガン・スタンレー証券）を経て2009年8月、クレディ・スイス銀行（クレディ・スイス証券）のプライベートバンキング本部の立ち上げに参画し、同社の成長に貢献。同社同部門のプライベートバンカーとして、最年少でヴァイス・プレジデントに昇格、2016年5月に退職。2016年10月に株式会社ウェルス・パートナーを創業し代表に就任。独立後も富裕層や会社オーナーの資産運用に関する指導、提案に従事。500人以上の富裕層のコンサルティングを行い、最高預かり残高は400億円。書籍執筆や日本経済新聞、週刊東洋経済、ZUU onlineなどメディアへの寄稿を通じて日本人の資産形成に貢献。
著書に『しっかり1億円貯める月1万円投資術』（あさ出版）。

●株式会社ウェルス・パートナー
https://wealth-partner-re.com/
Email：info@wp-re.com

貯金《ちょきん》ができない私でも、
1億円《おくえん》貯《た》まる方法《ほうほう》を教《おし》えてください　〈検印省略〉

2021年　4　月　9　日　第　1　刷発行

著　者――世古口　俊介（せこぐち・しゅんすけ）
発行者――佐藤　和夫

発行所――株式会社あさ出版
〒171-0022　東京都豊島区南池袋2-9-9 第一池袋ホワイトビル 6F
電　話　03（3983）3225（販売）
　　　　03（3983）3227（編集）
F A X　03（3983）3226
U R L　http://www.asa21.com/
E-mail　info@asa21.com
振　替　00160-1-720619

印刷・製本　美研プリンティング（株）

facebook　http://www.facebook.com/asapublishing
twitter　http://twitter.com/asapublishing

ISBN978-4-86667-268-7 C2034